政协委员履职风采

吹向大地的清风

朱训

中国文史出版社

1997年春，朱训（右4）与朱作霖（右2）、王巨禄（左5）、陈进玉（左3）、赵喜明（右1）在北戴河研究政协培训中心建设问题期间，于海边冰上合影

1998年10月29日，朱训（右2）和全国政协委员调研团成员由兖州煤矿赵经彻（右1）陪同在山东兖州兴隆煤矿调研，下井前合影

1999年，朱训（左3）率团访问巴西祖国和平统一促进会

2000年9月22日，尹惠宇（前右1）和朱训（前右2）在湖南韶山毛主席故居与同行的全国政协机关干部合影留念

2002年3月，朱训在全国政协九届五次大会全体会议上发言，呼吁要像重视“三农”问题那样重视“四矿”问题，引起中央高度重视

米寿老翁朱训（前右二）与几位老友相聚时留影

目录
contents

自述：我的十年政协生涯

建言献策　尽责履职

提案

发言

随感 · 报道

媒体报道

委员随感

自述：我的十年政协生涯

今年是中华人民共和国成立70 周年，也是中国人民政治协商会议成立70 周年。中华人民共和国的诞生和人民政协的成立都是中华民族发展史上的大事件。作为一位耄耋老人，它们的成立我都经历了；特别是作为一名在人民政协工作了10年的政协人，我有幸亲自参与了人民政协的建设和发展。能到全国政协工作，这是党中央和全国政协对我的信任，我感到十分荣幸，尽管这10年工作很辛苦，但留下了很多值得回味的回忆。将我参与人民政协的一点工作撰写出来，作为对人民政协成立70 周年的贺礼。

奉命调到全国政协

故事还得从我1994 年奉命调到全国政协任秘书长说起。

1994 年的早春三月，发生了一件意想不到的事：在干了42 年地矿工作之后，党中央决定调我到全国政协任秘书长。这是我一生中从化工技师转为地质队员之后的又一个转变。从进行决策的部长岗位到搞好服务、当好参谋的秘书长岗位，这是一个很大的转变。从事地矿工作主要是与地球与石头、自然打交道，而政协主要是做联络人、团结人的统战工作，秘书长则主要是为政协领导和委员们服务，主要是与人、与社会打交道。

如同从江西地质局调到地矿部的时间一样，好像正巧也是3 月23 日，是一个晴朗的上午，突然接到部值班室转达中央办公厅通知，通知我立即到胡锦涛同志办公室去，去干什么没有说。到了胡锦涛同志那里，锦涛同志对我说他是受江泽民总书记和李鹏总理委托与我谈话的，“由于时任全国政协秘书长的宋德敏同志患病不能坚持工作，而工作又急需人顶替，中央从个人资历、学历、修养、性格等方面考虑，决定派你去任此项工作”。当时我毫无思想准备，做梦也没想到在从事地矿工作42 年之后，已进入花甲之年之时，党又交给我一项新的重要任务。平心而论，我舍不得丢下地矿工作，舍不得离开地矿战友，不仅因为热爱地矿事业，更重要的是还有一些重要的事需要做却还未来得及做完。但作为一名有近半个世纪党龄的老党员，深知党的需要高于一切。当即向胡锦涛同志表态说：“我是搞地质出身的，从事地矿工作40 多年，年龄也大了，到政协工作不一定合适，如果中央已经决定了，作为共产党员我无条件服从。”胡锦涛同志听后说：“好，就这么定了。”之后，李瑞环主席、叶选平和吴学谦副主席、江泽民总书记、李鹏总理又先后与我谈了话。就这样，我本着干一行就要学习一行、干好一行的信念，走上了全国政协秘书长和政协机关党组书记的岗位。1998 年全国政协换届时，中央又决定我改任全国政协港澳台侨委员会主任，直到2004 年在全国政协机关离休。

回忆在政协工作这10年，在中共全国政协党组的领导下，在政协机关党组一班人共同努力和政协机关干部职工的大力支持下，主要做了以下八个方面的工作。

学习研究中央关于政协工作的方针政策

这是我到政协后所做的第一件事。政协是中央四大机关之一。政协工作对我来说是一项全新的，也是一项政治性、政策性很强的统战工作。因此，不仅要在思想上、行动上和党中央保持高度一致，而且要对中央有关政协工作的方针政策，特别是邓小平同志关于人民政协工作的论述弄懂吃透，并在实际工作和日常活动中准确地加以把握。为此，我到政协之后，白天处理机关日常，搞好各项服务，晚上和一些节假日则用来学习研究党的三代中央领导集体关于人民政协工作的论述，并且花了较多的时间和精力认真细心地学习了邓小平同志关于人民政协的一系列指示。通过学习，我发现和认识到小平同志关于人民政协的一系列论述已构成了一个完整的理论体系。于是，我大胆地提出“邓小平人民政协理论”这一概念，并在我撰写的《邓小平人民政协理论的形成与发展》一书中，对这一理论产生的历史背景、框架结构和基本内容作了系统的阐述，还利用一些机会在机关干部和政协系统干部培训班上进行宣讲。有关这方面的论文，如《新时期人民政协工作的指南——学习邓小平关于人民政协的理论》一文，曾在中宣部等单位举办的全国学习《邓小平文选》研讨会上获优秀论文奖。这篇论文同时也获得中直机关论文优秀奖，并在1997 年第6 期《求是》杂志上发表。

加强机关工作规范化和制度化建设

这是到政协之后做的第二件事。政协的主要职责是政治协商、民主监督和参政议政。为了适应新时期新形势的需要，使各位委员更好地履行自己的职责行使自己的权利，在李瑞环主席领导下，对《人民政协章程》进行了修改，同时对原来的政协工作《暂行规定》作了修改补充，并报请中央批准，以中央文件形式下发各地执行。为了便于各位委员和政协机关工作人员更好地了解政协历史和系统学习政协知识，组织机关干部编写出版了《中国人民政协全书》《政协委员手册》，受到各位委员的欢迎。此外，还完善了各种制度。如出席会议人员按座签对号就座制度，建立了能让政协领导及时了解政协工作动态的“值班日报”制度和公开透明的干部考核评议制度，创办了《政协信息》刊物，对于提高机关干部工作水平和工作效率、加强社情民意的搜集与反映、发挥党和政府与政协委员之间的桥梁作用都产生了积极的效果。

改善机关工作环境、干部培训条件和职工生活条件

这是我到政协后做的第三件事。政协机关工作原来办公条件和生活条件都比较差，在李瑞环主席的直接领导与指挥下，政协办公厅积极组织实施政协大楼兴建和政协礼堂的翻修工作，并在很短的时间内迅速完成了这一任务，大大改善了政协机关的办公环境。为了改善干部培训和休假条件，经请示并经主席们同意，我们对北戴河干部培训中心进行改造和扩建，并在得到中编办批准同意后，将北戴河干部培训中心由处级建制升格为局级单位。同时，经与国务院外国专家局商定，将两家海边浴场加以对换使用，从而大大改善了干部培训和休假条件。我到政协后不久，发现不少同志中午吃饭比较马虎，有的同志从家中带饭盒，有的同志就胡乱凑合一顿，这样对大家身体健康极为不利。经与机关后勤部门同志们协商，在加强食堂管理工作的前提下，从而使食堂伙食得到大大改善，受到机关干部和主席、副主席们的普遍称赞。政协机关职工住房原来比较紧张，为了改善政协机关和各民主党派机关职工福利住房条件，在国家将要废除福利分房制度前夕，也是我秘书长任期将满换届之时，到国家计委申请两亿元资金作为修建宿舍之用。时任计委主任的陈锦华同志说：“朱训同志你就要离开秘书长岗位了，还在为机关职工谋福利，这件事说什么我都要支持你。”后来，用这笔资金兴建了四万多平方米的机关干部和民主党派职工宿舍，从而进一步改善了机关和民主党派职工的住房条件。

陪同主席出国访问

这是我到政协后做的第四件事。任秘书长期间，我有幸陪李瑞环主席到欧洲、亚洲、南美洲和大洋洲一些国家进行友好访问。陪同出访的任务是非常繁重和辛苦的。出访前的方案制定以及出访期间的行程安排、安全保障等工作都是很耗费心力的。每次出访都精神高度紧绷，直到访问归来，飞机落地，才能松懈下来。当然，陪同出访的收获也很多，对一些国家的国情、文化、风土人情增加了很多了解，学习了很多外交知识，同时也与一道陪同主席出访的同志们结成了好朋友。

开拓港澳台侨委员会的工作

这是我到政协后做的第五件事。专委会工作是政协工作的基础。做好港澳台侨委员会工作，对于团结广大港澳台侨胞、推进祖国统一具有极为重要的意义。在处理日常职责范围内的各项工作事务的同时，一方面尽专委会所能及地帮助港澳台侨胞办了一些实事，为他们在大陆创业排忧解难，受到港澳台侨胞的称赞；另一方面，积极开拓工作领域和改进工作方法，加大请进来、派出去的力度，扩大与港澳台侨胞的联系。这几年间，委员会每年均邀请几十个由港澳台人士组成的各种团组来观光、参观、考察、视察和参加各种庆典活动，同时又开创性地组织小型团组到世界华侨、华人聚居的国家去了解侨情、听取侨声、反映侨意，向他们介绍祖国建设成就和人民政协情况，鼓励他们加强华侨、华人内部团结，加强与所在国人民的团结，为所在国的经济社会发展、为祖国的建设和祖国的统一大业作出贡献。港澳台侨委员会在加强与中央有关涉台、涉侨单位协作开展重大活动方面取得了积极的成果。起初积极推动与参加中央“五侨”（人大华侨委、政协港澳台侨委、国务院侨办、中国致公党、中国侨联）的协作活动，确立每季度一次联席会议制度。对全国侨务工作更有成效地开展发挥了积极的促进作用。根据“五侨”的协作经验，我向钱其琛副总理和国务院台办建议，中央涉台单位也可效法“五侨”，建立定期联席会议和协作制度。这一建议很快得到钱其琛副总理批示同意，并由国务院台办牵头，建立有民革、台盟、台联、统战部和政协港澳台侨委等六家涉台单位参加的

“六台”联席会议制度和协作制度已经建立起来，并开始活动，共同商讨对台事务，协调行动，为加强对台工作，促进祖国统一共同努力，这也是一个重要突破。

加强与地方政协联系和指导工作

这是我到政协后做的第六件事。在这方面，我们采用四种方法：一是与地方政协联合调研，二是召开地方政协港澳台侨工作经验交流会，三是举办地方政协港澳台侨干部培训班，四是分期分批邀请地方政协主席到北戴河干部培训中心进行经验交流。这些做法不仅密切了全国政协与地方政协的联系，而且进一步增加了各单位对工作的了解和政协同仁之间的友谊。

建立与世界经济社会理事会的联系

这是我到政协后做的第七件事。为了发挥人民政协的优势，开展人民外交，为我国外交事业大厦添砖增瓦，中国政协以观察员身份出席在葡萄牙里斯本召开的世界经济社会理事会大会。1995 年，我国驻法国大使联系在法国高层具有重要影响的世界经济社会理事会元老、法国世界经济社会理事会理事长马泰奥利在其引荐和邀请下，我和鲍道崇赴葡萄牙，与我国驻葡萄牙大使范国祥一道作为代表参加了世界经济社会理事会大会。大会一致选举和同意中国政协作为世界经济社会理事会成员，并同其他成员国一样，拥有担任轮值主席的权利和义务。其后，通过一段时间的筹备，于2001 年成立了中国经济社会理事会以及为其服务的秘书处。陈锦华、王忠禹、王刚、杜青林等全国政协副主席，先后担任中国经济社会理事会主席。自此，中国与世界经济社会理事会建立起固定的联系。

履行政协委员职责

在全国政协工作期间，我除了秘书长和港澳台侨委员会主任这两个身份之外，还有一个政协常委的身份。作为政协委员，我也尽力履行委员的义务，积极参加调研、视察、提提案等项活动。这是我在政协期间做的第八件事。几年来，陆续提了20多件提案，有的作为第一提案人，有的是参与他人的提案。其中，关于将节约自然资源列为基本国策、减轻矿山税费负担等一些建议已被中央和国家有关部门采纳，《关于尽快制定鼓励商业性地质工作政策的建议》和《我国矿产资源的严峻形势及对策建议》被全国政协评为九届全国政协优秀提案。我在全国政协九届五次大会上所作的《要像重视“三农”问题那样重视“四矿”（矿业、矿山、矿城、矿工）问题》的发言，受到中央领导、全国政协、国务院有关部门的高度重视，在社会上引起了强烈的反响。我在国内较早地对建立国家石油等能源矿产资源战略储备制度、支持矿业城市转型与可持续发展、支持矿工棚户区改造等问题进行了长期研究，并通过多种形式和途径向党和国家提出建议，得到国家采纳并转化为政策付诸实施。

时光荏苒，现在我们国家迈进了新时代，人民政协事业进入了新时代。习近平同志担任党的总书记后，一直高度重视人民政协工作，对人民政协事业的发展作出了一系列的重要指示，形成了习近平总书记关于加强和改进人民政协工作的重要思想。习近平总书记首次提出人民政协是社会主义协商民主的重要渠道和专门协商机构，是国家治理体系的重要组成部分，是具有中国特色的制度安排。首次阐明新型政党制度的特点和优势，着重强调正确处理一致性和多样性的关系，深刻揭示了人民民主的真谛在于有事好商量、众人的事情由众人商量，揭示了“中国之治”同中国政治制度的逻辑联系，凝结着坚持好、发展好人民政协制度的深邃理论思考，是党的人民政协理论的最新成果。十三届政协以来，汪洋主席对人民政协工作作出了一系列新部署和新指示。这些都为今后人民政协工作的开展指明了方向，开辟了更广阔的道路。

现在，我虽然早已离休，离开了人民政协工作岗位，但我相信人民政协事业在党的领导下，在一代又一代政协人的努力下，一定会走向更加光明、更加灿烂辉煌的未来。

（写于2019年4月）

建言献策　尽责履职

提案

关于将矿业作为一个独立产业的建议

矿业被国际社会公认为是一个独立的基础产业。但矿业在我国没有被作为一个独立产业来对待。在国家现行《固定资产统计填报目录及代码》中，矿业没有作为一个独立产业存在。构成矿业主体的地质勘查业和矿产采选业分别与其他产业归并到两个门类（“B”门类和“F”门类）之中。由于“矿业”未被看作为特定产业，国家没有统一的产业政策，对矿业发展带来不利的影响。

建议国家统计局对分类作些调整。将“F”门类中的“地质勘查业”与“B”门类中的“矿产采选业”归并为“矿业”，列入“B”门类中。其理由如下：

第一，从矿业在国民经济中的地位与作用看。矿业是国民经济的基础产业。这是客观经济规律所决定的事实。矿业为人类生存与社会发展提供主要的物质资源。当今时代，矿业为能源工业提供95%左右的矿物能源资源，为工业提供80%左右的矿物原材料。世界是这样，中国也大体如此。目前，中国95%的能源资源、80%的工业原材料、70%的农业生产资料来自矿业生产提供的矿业资源。矿产资源已成为工业的粮食。矿业名副其实地是国民经济的基础产业。

矿业与人们生活密切相关。人们的食、衣、住、行、用、医等六个方面都离不开矿产资源。农业生产需要的肥料，主要由化学矿产制成。人们的衣料中，将近一半为由矿产品加工而成的尼龙、化纤材料。人们的住宅所用的砖瓦、水泥、石料、钢材无不与矿产有关。人们的日常交通工具和生活用品很多都是使用矿产原料及矿产加工制品来制造的。已有上百种矿物、岩石作为药物为人们治疗疾病。矿业所提供的矿业资源确是人们生活、生存发展不可缺少的主要物质资源。而且社会现代化程度越高，人们对矿产资源的需求也越大。如我国1992年人均消耗石油110公斤，而世界人均消耗量为610公斤，美国人均消耗量高达3150公斤，约为我国的28.6倍。可见矿业及其提供的矿产资源对于现代化建设多么重要。

矿业的发展，促进了能源原材料工业的大发展。目前，我国年矿石采掘量达55亿吨左右。1996年，我国生产原煤13.5亿吨，原油1.55亿吨，钢突破1亿吨大关，黄金突破100吨大关，有色金属近500万吨，水泥4.8亿吨，化肥2500多万吨，原盐2600多万吨。我国已跃居世界第三矿业大国，能源原材料生产也处于世界领先地位。

第二，从国际惯例看。联合国为了统一世界各国产业分类，颁布过《全部经济活动的国际标准产业分类索引》。这部标准产业分类（1971年版）将全部经济活动首先分成10个大项作为第一层次。然后每个大项下又分若干中项、若干小项和若干细项等四个级别。“矿业”被列为第一层次中的第二大项（矿业和采石业），位于农业之后，制造业之前。从目前世界各国的做法看，据有关部门对世界93个国家进行调查，有89个国家将“矿业”作为一个独立的产业来加以管理的，占96%。我国也应遵循国际惯例将矿业作为一个独立产业在国民经济行业分类中加以明确。

第三，毛主席曾有过一个明确的说法。毛主席在新中国成立之初的1950年2月17日曾发出过“开发矿业”的伟大号召，当时他就是把矿业作为一个独立产业来看待的。

根据以上分析，建议国家调整产业分类，将矿业作为国民经济产业中的一个独立产业来加以对待，以便国家制定相应的产业政策来支持与促进矿业的发展。

（1997年3月）

关于将“节约自然资源”列为基本国策的建议

我建议将“节约自然资源”与“控制人口增长”“搞好环境保护”并列为基本国策写入政府工作报告之中。

提出这样的建议，其主要考虑是：

第一，资源短缺是人类面临的一个现实问题。人类要生存，社会要发展，需要使用与消耗大量的自然资源。一方面由于人口急剧膨胀对资源的需求大量增加，另一方面由于多种因素使自然资源（耕地、可用水、矿产、森林、草地等）逐渐减少，特别是不可再生的矿产资源采出一点就少一点，使资源供需矛盾日趋尖锐，从而使资源短缺与人口膨胀和环境恶化一道成为当今人类共同面临的三大难题之一。这也已成为全球专家学者和政府首脑的共识。联合国有关组织、巴西环发大会宣言和《中国21世纪议程》都提到了这个问题。要解决日益加剧的资源供需矛盾，根本出路就在于合理开发利用自然资源满足人类生存发展需要的同时，十分珍惜自然资源，千方百计保护与节约自然资源。“控制人口”（或称实行计划生育）和“保护环境”（或称搞好环境保护）现已被我们国家列为基本国策，故此建议把“节约资源”也作为基本国策之一，与“控制人口”“保护环境”并列。

第二，“节约资源”是实施可持续发展战略的需要。党的十四届五中全会提出了实施可持续发展战略，这是一项具有重大而又深远意义的决定。经济建设要得以持续进行，就需要有资源的持续供应。人类要生存，社会要发展，就需要持续供应更多的资源。没有资源的持续供应，再生产就无法进行，人类也无法持续生存与发展下去。而在一定时期内的可供资源也是有限的。为了缓和资源供需矛盾，使经济建设得以持续进行，节约资源就显得十分重要和必要。

第三，“节约资源”在中国具有特别迫切的现实意义。中国国情的基本特点之一，就是地域辽阔，人口众多，资源总量丰富，人均资源量少。按总量计算，我国草地在世界上居第二位，矿产居第三位，耕地居第四位，水资源居第六位，森林面积居第七位。但按人均计算，上述自然资源人均拥有量仅占世界人均的1/5至1/2，排名普遍在几十位之后。一方面我国人均拥有资源量少，另一方面，实现“三步走”战略目标对自然资源的需求又成倍地增长，而在开发利用过程中对自然资源的破坏、损失与浪费也相当严重。所以节约资源就成为十分重要而迫切的任务。当然，我们可以利用国内外“两种资源”，但毕竟因为我国需求量大，没有那么多外汇到国际市场去购置，国际市场也没有那么大能力来满足我们的全部需要。何况各国都要发展，大家都要消耗更多的资源。

第四，资源问题已经提到我们国家的议事日程。江泽民总书记在1991年就曾明确指出：“我们对中国‘地大物博’的概念要重新认识，尤其是对资源的人均水平很低，要有清醒认识。要加强这方面的国情教育，并且从小学开始。”江总书记在十四届五中全会上又进一步强调，“必须切实保护资源与环境，不仅要安排好当前的发展，还要为子孙后代着想，但不能吃祖宗饭，断子孙路，走浪费资源和先污染后治理的路子。”李鹏总理在去年的《政府工作报告》中也强调要“正确处理经济建设与环境、人口、资源的关系”。此外，保护自然资源中的耕地已作为基本国策见之于中央文件之中。

根据以上情况，建议将“节约资源”作为一项基本国策与“控制人口”和“保护环境”并列写入中央有关文件和政府工作报告之中。

（1998年3月7日）

关于在国家经济贸易委员会内建立矿业局的提案

矿业是国民经济的重要基础产业。目前，我国建成国有矿山9000多座，乡镇集体小矿有20多万处，从业人员有2100万人，年采矿石量近50亿吨。矿业已成为规模宏大的产业。1997年我国乡及乡以上矿业采选业及相关能源原材料加工业工业总产值达2109.16亿元，占全部乡及乡以上工业总产值（70747.68亿元）的29.81%。1997年矿产品进出口贸易额达561.59亿美元，占全国对外贸易进出口总额3251亿美元的17.3%。目前，矿业为国家建设提供95%的能源资源和80%的工业原材料。矿业在国民经济生活中占有举足轻重的地位与作用。但是，矿业在前进发展过程中存在许多困难和问题，急需政府加强对全国矿业的宏观调控管理与指导。

党中央和国务院历来十分关心和重视矿业建设与发展，不断加强政府对矿业建设和发展的管理。1978年以前，国务院对矿业基本上实行按部门分散管理，为此设置了多个部门或内设司、局管理矿业建设和生产，如煤炭工业部、石油工业部、冶金工业部矿山局、化学工业部地质矿山局等，履行领导、组织和管理各对口矿种的生产、建设以及国有矿山企业人财物产供销的职责。自1983年以来历次政府机构改革，国务院机构精简、职能转变，逐步实现加强宏观调控，政企分开，弱化部门管理，加强行业管理。1998年，国务院机构进行了重大改革，撤销了各工业（矿业）管理部门，设立了国家经贸委、委管国家工业局和其他有关专业经济管理部门，负责制定行业规划和行业政策，进行行业管理，同时指出，目前提出的国务院机构改革，将对我国矿业建设和发展，对我国矿业和矿产品贸易参与国际竞争产生不利后果，影响国民经济迅速、健康和持续发展。

因此，我们提议，在国家经济贸易委员会内设立矿业局或能源矿业局，从矿业共性、宏观性、战略性的高度，统一管理全国矿业，制订矿业发展规划和产业政策，实行行业管理。

与此配合，应加强和完善矿业行业社会中介组织。建议发展矿业行业协会组织，将现在的中国矿业协会调整改组为中国矿业联合会，发挥联合全国矿业行业协会组织、政府与行业和企业之间桥梁纽带的作用。

（1999年3月）

我国矿产资源的严峻形势及对策建议案

矿产资源是国民经济和社会发展的重要物质基础。在我国，95%以上的能源、80%的工业原材料、70%以上的农业生产资料来自矿产资源。

总体上，我国矿产资源总量大，但人均占有量少，仅为世界的58%；品种齐全，已发现矿产168种，其中探明储量的有153种，但大量矿产探明储量不足（如石油、天然气）或短缺（如金刚石）；主要矿产单个矿床规模偏小，支柱性矿产贫矿和难选矿多，开发技术难度很大；资源空间分布与生产力布局不匹配，资源使用地与产地分离。此外，由于投入不足和粗放式经营，浪费和破坏严重，回采率只有30%。

自80年代以来，我国矿产品的消费量增长很快，同期地质工作却因投入不足连年萎缩，矿产储量增长缓慢。今后30—50年是我国经济、社会发展对矿产资源的需求增长最快的时期，主要矿产资源的供需矛盾将日趋尖锐。据论证，已探明的45种主要矿产资源到2010年可以满足需求的有21种，到2020年仅为6种，石油、钾盐和铁、锰、铜矿等大量紧缺矿产将长期短缺。

矿产资源是有限的，不可再生的耗竭性资源，用一点，则少一点；一批大中型生产矿产已进入中晚期，产量衰减不可避免；加之地质勘探周期较长，找一个大矿一般需要10年。因此，必须加紧工作，超前储备矿产资源；否则，长期滞后于市场，必然对经济建设构成潜在的危机，一旦出现供需脱节，后果十分严重。

以国内情况看，中西部和近海大陆架的地质工作程度较低，资源新增储量潜力巨大，只要进一步加强地质勘探，找矿前景十分看好。我国是发展中矿业大国，必须坚定不移地遵循“以我为主”的原则，立足国内，力争新的发现和新增储量，同时积极参与国际资源市场的竞争和再分配，从而为国民经济和社会发展提供有效保障。为此，建议如下：

1.加大地勘投入，建立地勘投资与开发新机制

地质勘探是重要的国民经济基本建设，国家要切实加大地质勘探力度，增加新的矿产储量。当前，首先要利用扩大内需之机，增加地勘投入，用贷款促使建立资源有偿使用的机制；改革地勘工作管理体制，促使地勘业以单纯的地质找矿转向勘查开发一体化，引导和鼓励国内资本投向地勘业；改革地质工作运行机制，公益性、商业性地质工作分体运行，商业性地质工作建立类似其他产业的投入产出机制，实现良性循环。

2.改善投资环境，加大开放国内资源市场力度

引进外国矿业资本、先进的理论和技术装备，有利于促进国内资源市场竞争，加快我国资源勘探和矿业发展的步伐。国家要尽快出台外商投资合作勘查开发矿产资源的政策法规，明确和简化审批程序；进一步放宽对外合作的区域和矿种，制定特殊政策，鼓励外商到边远地区投资勘探开发我国急缺的矿产资源；加快矿业权出让、转让制度的建立与完善，对外国投资企业实行国民待遇，切实保障投资者的合法权益。

3.贯彻“两种资源、两个市场”的方针，积极参与国际资源竞争

国家要制定相应的政策，扩大利用国外资源，实现国内外资源互补。鼓励矿山企业抓住时机走出国门，到国外去勘查开发矿产资源，逐步建立一批国外供矿资源基地；适时进口我国紧缺的矿产资源，出口我国的优势矿产；对重要的战略性、支持性矿产资源，要根据国际市场的变化，有步骤地建立符合我国国情的矿产资源储备制度。

4.依靠科技进步，提高资源勘查、开发与利用水平

通过管理体制改革促进生产和科研的结合，迅速推广先进的、成熟的技术；组织重大资源问题攻关，利用采选冶新技术，不断提高资源回收率；扩大矿产资源综合利用的广度与深度，大力开展二次资源开发利用，提高资源利用率；进行非传统矿产资源的开发研究，开拓新的资源。

5.加强法制建设，实现有效保护和合理利用矿产资源

《矿产资源法》是规范资源管理和矿业活动的基本法律制度，要进一步完善配套法规，建立适应社会主义市场经济要求矿产资源勘查开发管理体制和运行机制；广泛开展法律宣传和教育，增强全民法制观念与意识，提高执法人员依法行政的水平；加大执法力度，依法加强矿产资源行政管理，从而保障资源和矿业市场公平、有序地竞争，努力实现有效保护和合理利用矿产资源。

（1999年3月）

关于做好海外留学人员回国创业工作的建议

我代表港澳台侨委员会作大会发言。1999年全国政协港澳台侨委员会与致公党中央联合组织调查组，就“海外留学人员回国创业”专题进行了调研。现将有关情况和对如何做好海外留学人员回国创业工作问题汇报如下：

一、海外留学人员的基本情况和回国创业的主要特点

改革开放以来，在党中央“支持留学，鼓励回国，来去自由”的出国留学工作方针指引下，我国的出国留学工作取得了显著成绩。到目前为止，20年间全国出国留学人员近32万人，分布在103个国家和地区，所学专业几乎涵盖了全部学科门类。他们中间已有10万多人先后学成回国工作，成为我国国民经济和社会发展的一支重要力量。20世纪90年代中后期，海外留学人员以多种形式为国服务的活动日趋活跃，回国创业的选择在海外留学人员中逐渐形成潮流。据不完全统计，在各地创业园区中留学人员创办的企业有3000余家，而散布在园区之外的留学人员企业更是远远多于此数。预计“十五”计划期间，海外留学人员回国创业将会出现一个新的高潮，这对推动中国高新科技发展将起到至关重要的作用。

留学人员回国创业有如下特点：

①回国创业的留学人员主流是一批具有高学历，掌握最新科技成果的高科技人才，其中不少人拥有专利，并有先进的管理经验和较多的人际关系。

②回国创办的企业，大多属高科技领域和中介服务领域，与欧美大跨国公司联系密切，成为沟通国内企业与国际市场的桥梁。

③突出群体作用，形成哑铃型模式，即部分成员在国内创办企业，部分成员在国外搞研发，既可以跟上国际科技发展的最新进展，又可以利用国内的市场、资金和廉价劳动力。

④相当部分企业的科研成果和产品填补了国家空白。

⑤为解决资金问题，有的留学人员利用国际风险投资基金，有的与具有实力的民营企业家合作，有的依靠技术入股，在企业所有权问题上，形成多元化混合模式。

⑥多数回国创业的留学人员有勇气面对艰苦和风险，希望在政府的支持下探索成功的道路。

二、回国创业海外留学人员反映的主要问题

1.留学生选派问题

目前回国创业者中大部分是在国外攻读硕士和博士学位后继续在国外工作过一段时期的人。正因为如此，他们回国创业能够较迅速地打开局面并与国际同行业接轨。目前我国选派的留学人员基本上是教学或科研骨干并以进修一年左右为主，由于他们在国外学习时间短、缺少工作实践的机会，长远看对我国科技和经济发展不利。

2.留学人员身份和政治待遇问题

留学人员许多已取得居住国长期居留权，也有相当一部分加入了居住国国籍。但是，国内有些部门却长期不承认他们华侨、华人的身份。他们当中对国家有突出贡献的人，希望国家给予一定的政治荣誉，希望有更多的报效祖国、参政议政的机会和渠道。

3.融资问题

留学人员回国创业大多遇到融资困难。目前国内风险基金尚未健全，留学人员资本短缺，贷款又没有物业抵押，致使一些有专利的项目搁浅。

4.行业限制问题

有些领域如公路、航运、金融、保险、风险基金、医药、信息产业等限制较严，使一部分准备回国创业的这方面专业优秀人才望洋兴叹，无用武之地。

三、我们的几点建议

1.建议加强对海外留学人员回国创业工作的领导

把留学生的选派、回国、使用纳入国民经济和社会发展规划。此项工作涉及面广，需要更好地进行统一规划、管理与协调，建议由国务院一位领导抓此项工作。

2.从我国科技长远发展战略考虑，建议适量增加选派大学本科毕业生公费出国攻读学位

3.要因地制宜吸引留学人才

目前许多大中城市都建立了留学人员创业园区，建议要根据当地的条件和特点，扬长避短，吸引适时对路的科技项目，并制定出切实可行的规划，避免不顾条件，一味追求高新，避免发生新的盲目重复建设。

4.制定和完善相应的法律法规，在政策上体现优惠扶持的原则

（1）作为华侨，留学人员有中国公民身份，回国创业、长期居住，应予办理居民身份证。

作为华人，他们不同于一般的外国人，建议给他们办理长期居留证（类似一些发达国家的绿卡）。同时对回国创业的留学人员出境及申办港澳台多次往返方面放宽限制、简化手续，以利他们保持与海外企业的联系和科技信息渠道；在海关检验方面，要提高效率，对用于科研的资料和样品的报送给予方便。

（2）随着我国申请加入世界贸易组织的逐步解决，对拟将进一步对外开放的投资建设领域或电信、金融等，建议向留学生创办的企业开放，使他们创办的企业与国内企业一样取得优先进入这些行业的许可证。

（3）企业注册上给予灵活选择的方便。考虑到留学人员的特殊身份，建议允许他们在创办企业时，根据实际需要，既能选择以外资资格注册，又能选择以内资资格注册。建议国家根据不同行业对资金的实际需要，在注册资金额度上适当降低。

（4）技术股比例不可限制过死。国家可对国有企业中留学人员技术股比例作相应规定；对与民营企业和外资企业合作的留学人员技术股建议不规定比例限制，在做好技术评估的基础上以双方自愿为原则。

（5）建议人民银行研究将留学人员创办的公司明确列入中小企业贷款范围，每年定一个信贷支持的指导性额度，各商业银行加大支持力度。

5.积极为海外留学人员参政议政、为国服务提供多种有效渠道和形式

不少地区和部门聘请回国创业的海外留学人员做顾问，这样的方式增强了他们为国服务的使命感，在海外留学人员中反响很好。建议政协研究增加特邀海外华侨人士界别，并酌情聘请少量对国家有突出贡献的华人担任政协或政协有关专门委员会顾问。

6.建立健全风险投资基金机制，建立评估高新技术项目的科学体系

对有些领域的项目评估，国内如缺少相关方面的专家，建议成立由国内外专家联合组成的评估负责项目评估人员。在完善风险投资基金的基础上，建议设立担保公司，为留学人员创办高新企业和研发高科技项目提供担保。

7.建议制订政策，鼓励与支持留学人员的高新技术与我国国有企业、民营企业嫁接，使我国的民族工业在国际市场具有竞争力

江泽民总书记在十五大报告中指出："鼓励留学人员回国工作或以适当方式为祖国服务"，其意义重大而深远。人类社会正在进入高速发展的信息时代，经济全球化发展已呈不可逆转之势，当今世界各国之间以经济和科技实力为主要内容的综合国力的竞争，其实质都是围绕着人才和知识展开的。我们要从战略的高度来对待留学人员回国创业的问题，为我国的经济建设与社会发展作出积极的贡献。

（2000年3月2日）

关于请财政支持建立矿产勘查风险基金的建议案

根据我国第二轮矿产资源论证工作，21世纪初，我国有许多矿产不能满足经济建设和社会发展的需求。缺口大的矿产有铁、铬、铜、钴、贵金属、硫、钾盐、金刚石，有一定缺口的矿产有石油、锰、铝、镍、硼、耐火黏土。除铁、铬、钾盐、金刚石资源潜力不大以外，其他紧缺矿种，尚有一定的找矿潜力。中国作为世界上最大的发展中国家，在工业化进程中，首先应当依靠本国资源。因此，必须重视矿产资源的风险勘查。

过去矿产勘查地质工作的资金，是依靠财政拨款的地勘费。现在已将地质工作划分为公益性地质工作和商业性地质工作，财政拨款只负责国土资源大调查的公益性地质工作，其中矿产资源潜力评价的公益性地质工作每年投入2.7亿元，施工钻探工作量仅相当于过去几个地质队一年投入的工作量，最终只能向公众提供一些矿产地信息，很难据此投入资金进行商业性勘查工作。

另一方面，我国商业性矿产勘查尚未步入市场经济运行轨道，矿业权流转市场处于起步阶段；从资本市场筹措矿产勘查风险资金尚未起步；矿山企业普遍困难，无力投资矿产勘查，造成目前高风险的矿产勘查投资处于虚位的状况。当前年度的新增探明储量普遍低于开采消耗储量，老矿山面临资源危机，缺乏探明储量建设新矿山。由于矿产勘查开发具有长周期的特点，必须超前安排，当前商业性地质工作中存在的问题，如不能有效地加以解决，势必影响到我国经济和社会的可持续发展。

目前，我国公益性地质工作已得到了加强，而商业性矿产勘查仍处于很不景气的状态。对此，除了要发挥市场和企业的作用外，政府的宏观调控作用是必不可少的。特别在当前的形势下，用财政支持商业性矿产勘查，将会起到非常重要的、关键性的作用。

建议财政把支持商业性矿产勘查的经费，拨给它认为能够加强矿产勘查的企业，如中国冶金地质勘查工程集团。并由企业匹配资金立项用于风险矿产勘查。长期以来，中央财政对中国石油天然气总公司的支持，就属这种情况。

具体办法可以考虑：以财政支持风险矿产勘查的经费为基础，建立风险勘查基金，由政府组成非营利的机构进行管理。明确规定基金使用的范围、方向。风险勘查成功，实现了矿业开发或矿权转让，财政投入部分，按比例增转国家资本金；风险勘查失败，基金予以核销。

（2001年3月）

建议开征燃油税后制定对矿山企业实施补贴办法案

1999年上半年，燃油税实施方案有关拟取消养路费征收燃油税的消息公开后，很多矿山企业尤其是矿业行业反映：矿山企业每年要消耗大量燃油，但以上的消耗用于非占用道路车辆、矿山移动动力设备和生产辅助设备上，开征燃油税将对矿山企业增加不合理负担，提高了企业生产成本。矿山企业希望国家制定开征燃油税对矿山企业实施补贴的管理办法。

根据中国矿业联合会对109个矿山企业生产及燃油消耗情况的调查，其中96个是露天矿山企业，13个井下开采矿山企业，这些企业涵盖了我国矿业行业各主要的矿山类型，其中煤炭6个、有色金属15个，铁矿及钢铁辅助原料矿山52个、化工9个、核工业7个和建材矿山20个。上述109个矿山企业，1999年剥离与开拓岩石总量4.64亿立方米，年矿石产量2.20亿吨。1999年消耗柴油总量约40.78万吨，全年消耗柴油总费用10.21亿元，其中不上公路车辆及其他动力设备1999年消耗柴油总量38.31万吨，约占柴油消耗总量的94%（若以1997—1999年3年消耗量平均计，非占用公路车辆及动力设备柴油消耗量占柴油总耗量的92%）。

据109个矿山企业1997年至1999年3年平均吨矿石消耗柴油情况如下（不上公路柴油消耗量）：

煤炭每吨耗柴油4.68公升

有色金属每吨耗柴油0.91公升

冶金每吨耗柴油1.22公升

化工每吨耗柴油1.68公升

建材每吨耗柴油2.86公升

据中国矿业联合会对山西平朔安太堡煤矿和首钢矿业公司实地调查，开征燃油税将分别增加开支7000万元和2300万元，单位矿石成本每吨提高1—4元，以上这些情况对正在脱困中的矿山企业来说是难以承受的。

开征燃油税对我国矿山企业影响较大，尽管中国矿业联合会做了大量工作，但是由于矿山企业分布地域广阔、开采方法及技术水平不同，加之计划经济时期矿山分属于不同工业部门管理，耗油指标及管理水平不一，这种情况下，必须制定燃油税开征对大型露天矿山企业实施补贴的管理办法，主要是：

对补偿的范围（采矿工程机械用油、各种车辆用油、炸药制造用油、大型露天矿山企业和实行无轨化开采的少数大型井工矿井）及补偿的方式、补偿的程序和方法加以规范，以利于《燃油税实施方案》的顺利出台。

（2001年3月）

建议国务院制定《工业行业协会条例》案

工业行业协会是我国社会主义市场经济不可缺少的一支重要力量，与其他非经济协会相比，对促进经济改革和生产力发展，具有更直接的作用。目前，8个国家工业局撤销，计划经济的部门管理格局基本打破，许多原来认为是政府职能的社会职能转移给行业组织进行自律管理，工业行业协会的培育发展越发显得重要。

目前，工业领域中冠以“中国”字头的具有自律性行业管理性质的行业组织（不含学会、研究会、基金会）有210家。近10多年来，地方各级也成立了不少工业行业协会，目前尚无准确统计。这些行业组织在体制转轨时期的困难条件下做了不少工作，但囿于体制限制，存在的问题比较多。一是政府职能尚未完全转变，协会难有作为。以往历次机构改革，都有一些部委在“三定”方案中列出了向行业协会转移的若干职能，国家经贸委也曾发布《培育和发展我国工商领域协会的若干意见》，明确了行业协会的17条职能，但都很难落实。主要原因是有的政府部门舍不得放权。有的部门下放了权力，却被别的部门收走了。如今8个国家工业局刚撤，职能如何分解、如何转移尚无明确方案。从以往地方的改革看，专业厅局撤销后，由于行业协会建设跟不上，往往留下行业管理上的“真空”。二是不断恶化的重复建设与此有很大关系。三是对行业协会的管理存在不少问题。工业行业协会是生产力性质的具有行业自律管理职能的组织，现在对它的管理混同于一般的学会、研究会、基金会，甚至与文化娱乐闲趣的社团组织不加区别地管理。许多协会反映，有的有关部门该管的不管，推诿塞责，不该管的却干预过多。例如，在二级机构审批、年检、会长年龄限制、会费的收取、税收政策等方面，卡得多、支持少，防范有余，理解不够。从法规上看，目前只有一个登记管理条例，对培育发展行业协会缺少一个规范性的法律法规。四是行业协会自身存在先天不足。我国行业协会大多是伴随政府机构改革自上而下产生的，一方面具有很浓的官办色彩，安排人的色彩，一方面又受到政府行政行为的种种制约和干预。行业协会的交叉重复也不少。由于人员老化、后继乏人，服务功能不健全，企业认同度低，行业协会很需要整顿提高，行业协会的行为也需要进行规范。

有鉴于此，我们建议尽快制定《工业行业协会条例》，主要解决行业协会在我国工业行业管理体系中的职能分工和规范行业协会发展的问题。主要内容应包括：行业协会在“政府宏观调控部门——行业组织——企业”这个工业管理体制框架中的定位；工业行业协会的性质、地位、作用和基本条件；工业行业协会的基本职能；培育发展行业协会的有关经费、税收的扶持政策；行业协会整顿提高要达到的目标；等等。

（2001年3月）

关于合理开发与保护地热资源的建议

随着环境保护意识的增强和城市化步伐的加快，地热资源这一集热、矿、水于一体的清洁能源的开发利用越来越受重视。我国目前地热资源已广泛用于采暖、供热、医疗、洗浴、娱乐、水产养殖、温室种植和发电等诸多领域，取得了显著的经济和社会效益。对地热资源的直接利用装机容量已居世界第一位。

一、地热开发现状

（1）开发地区不断扩大，开采深度逐渐增加。在一些原认为开发地热条件不很好的地区，如上海、大连、银川等地，相继打出了温度30—70摄氏度的地热水。北京地区地热开发由原来不足300平方千米，扩大至目前的2000余平方千米。开始利用的深度也由20世纪70年代的1000余米，增至目前的3000—4000米。

（2）城市房地产业的发展，带动了城市地区对地热资源的需求。北方城市为减少污染，加强环境保护，近年来在房地产开发中，为解决住宅采暖、生活热水供应问题，普遍将注意力转到对地热资源的开发利用上来。北京地区就增加了供暖用热水井近30口。

城近郊区农业结构调整与农业现代化步伐的加快，对开发地热产生了广泛兴趣。如北京丰台南宫村，地处城乡接合部，原是缺水和较贫困的地区，1999年打成一口深2950米、水温72摄氏度、日出水量2000余立方米的地热井，结合土地资源和北京近郊优势，对地热产业进行总体规划，组建集中、低温地热资源各种利用方式于一体的“北京世界地热博览园”，首期目标计划投资1.5亿元，现已建成地热多功能综合楼、温泉垂钓中心、地热特种水产养殖中心等设施，并对3万平方米居民住宅进行供暖和供生活热水。

（4）石油系统投入地热资源勘查开发，加快了地热资源勘查开发的速度。石油系统掌握大量深部地质勘查资料和大量的石油井（资源），并有深部钻井的技术优势，在推进我国深部地热资源的开发中正在发挥积极的作用。如华北石油管理局在河北霸州境内，通过改造一口原不产油的石油弃井使地热开采井，出水温度95摄氏度，产量115立方米/小时。该井开发后为基地21万立方米的工业和民用住宅实现了地热采暖，建立了占地约4.6万平方米（约70亩）的鲜花生产基地，向北京供应鲜花。

（5）地热资源的开发，促进了医疗保健事业和温泉水上娱乐活动的发展。近年来，出现了一大批以开发地热建温泉医疗健身娱乐活动为目的的相关产业，如北京八达岭长城地热温泉度假村、天津塘沽温泉康乐中心、昆南绿世界温泉度假中心、广东珠海御温泉度假村、海南琼海官塘温泉休闲中心、四川大邑县花水湾地热温泉度假村等。

（6）热泵技术在地热供暖中的应用，促使了一部分低温地热资源的开发利用。温度偏低，在经济上和资源的利用上都不合算，热泵技术用于地热采暖，可大大降低地热采暖排水温度，提高地热的利用率。北京立水桥建立了热泵地热采暖的试验点。大庆地区也开始了这一技术的应用。

二、地热资源开发存在的问题及建议

存在的主要问题是：地热资源勘查程度低，供需矛盾突出；地热市场迅速扩大，增大了开发的风险；排放水温度普遍偏高，资源的综合利用程度低；对地热资源的开发极需规范化的指导；分散开采或一家一户的开采状况比较普遍，一些地区开采井群过密、设备利用率低，地热开发的规模效益不明显；部分地区开采强度高，地热水位下降速度快；一些高矿化度的地热水排放也存在对局部环境产生污染的问题；地热资源开发管理不够统一，急需建立全国统一的地热源勘查、开发信息系统和城市地热集中开发区的自动信息管理系统；地热资源勘查工作不适应发展的需要等。为此建议：

（1）组织新一轮全国地热资源调查评价，搞清全国地热资源近期可开发利用的家底，建立全国统一的地热资源信息系统和制订切实可行的开发规划，并有计划地组织多渠道资金加强全国地热资源勘查工作，以适应地热资源勘查开发发展的需要。

（2）近期由国家出资或以国家资助的方式，建立有代表性和一定规模的国家级地热开发利用示范中心（基地）。在城市和农村可分别建立以城市采暖及现代农业地热利用的示范中心，对地热资源开发利用技术、管理，资金动作等进行示范和技术培训。

（3）地热资源的开发多以城市为中心，对省（区、市）内的地热资源开发利用进行规范，以合理开发利用地热资源，避免开发利用地热资源可能产生的污染和环境问题。利用现代科学技术，加强城市地区的地热勘查评价、开发应用研究与现代化信息技术的应用与管理，全面推进我国地热勘查开发技术整体水平的提高。

（4）对地热加灌实行鼓励政策。地热回灌是有效利用地热资源、提高地热资源的采取率、减少或避免因开发地热资源引起的污染和环境问题，保持地热资源的可持续利用必不可少的途径。但因投入较高（相当于开发的双倍投入），一些城市地区的地热田开发重开发轻加灌，对热田的持续开发利用极其不利。为满足地热资源的技术开发利用，在已投入开发的地热田中，尤其是那些处于超采的地热田，应在政策上给予扶持和鼓励。

（5）制定全国统一的地热资源管理办法，对地热资源开发利用实行规范化、法制化管理。北京、天津、福州、西安、昆明、丹东等开发地热较早的城市地区，为规范当地的地热资源，相继发布实施了所在地区的《地热资源管理办法》，对地热资源的开发利用发挥了积极的作用。当前，全国地热资源开发呈发展趋势，已遍及全国各地，客观上已有了制定全国统一的《地热资源管理办法》的要求和可能。应及早组织制定，以加强地热资源的统一管理与法制管理。

（2002年3月）

关于尽快制定鼓励商业性地质工作政策的建议案

我国是一个矿产品消费大国，处在工业化的中期阶段，对矿物原料的需求在持续增长，而目前我国矿产资源的供需形势十分严峻，为满足国内建设需要，2001年从国外进口铁矿石达9200万吨，石油净进口6000多万吨，矿产品贸易逆差已上升至90多亿美元。由于探明后备资源不足，全国有40多座矿业城市面临资源枯竭，需要发展替代产业和城市转型问题；有400多座矿山面临闭坑的威胁，将涉及300万矿工和上千万矿工家属的工作和生活问题。从长远看，到2020年45种主要矿产中仅有6种能满足需要，这种情况对于国家经济持续发展和社会稳定都有不良后果。形势所以如此严峻，与地质工作受到严重削弱有关。国拨地质勘探费在基本建设中所占比例自“六五”以来不断降低，现已降低到仅占5.27%。国外和境外资金也不愿投资勘查，一是因地质勘查是高风险的事业；二是因中国固体矿产投资环境太差，外商也不愿投资。

地质勘查体制改革后，公益性地质工作和商业性地质工作分体运行的格局已经形成。随着中国地质调查局的成立，国土资源大调查项目的实施，公益性地质工作已初步开展起来，但作为地质勘查工作主体的商业性地质工作仍举步维艰，除国内外投资者不愿投资外，还因为我国的矿山企业，目前正处在大面积亏损状态，商业性矿产勘查工作很难进入市场盈利经营；另一方面容易发现的地表矿产资源和浅部矿日益减少，找矿活动日趋困难，矿产勘查费用日益增大。因此如何吸引更多的国内外社会集团投资进行矿产勘查工作，使矿业的后备可采资源能不断得到新的补充，就成为政府制定产业政策关注的重点。建议国家在加大公益性质工作的同时，应尽快制定鼓励与推进商业性地质勘查工作的相关政策。

在市场经济国家，为使矿业生产能持续生存下去，以满足国家建设对资源的需求，通常对矿产勘查工作都实行有特殊的产业政策，以补偿矿业生产对矿产资源的耗竭。例如，美国从1913年起就制定和实施有《矿产资源耗竭补贴》政策，允许矿业公司运用税前收入进行矿产勘查工作，即国家对矿业公司投入矿增勘查工作的那部分销售收入免除各种税赋，以鼓励矿业公司勘查新的接替资源。再如，加拿大政府为吸引矿产勘查开发投资，促进矿业持续发展，从1954年起，实行一种《全部通过股票》制度，这一制度允许加拿大纳税人从“任何收入”中立即扣减所有的勘查和开发成本，无论是任何产业和个人，只要他投资矿业开发和勘查活动，那么用于矿产勘查开发工作的那部分收入就可减免各种税赋，而且，在不同时期以不同的形式对矿产勘查开发投资实行各种不同程度的税赋减免政策，从而有效地调节了矿产勘查社会投资的增长幅度。

我国已加入WTO，我国的矿山企业和矿产勘查工作，将面临更为激烈的竞争，因此建议政府有关部门，根据我国的实际情况，参照市场经济国家的经验和具体做法，尽快制订并出台鼓励商业性矿产勘查工作的扶持政策和矿产资源耗竭补偿政策，促进风险勘查筹资机制的建立，并从根本上改善我国矿产资源的投资环境，以利于矿业的稳定、持续发展，为我国经济持续快速稳定地向前发展提供资源保证。

（2002年3月）

关于实施矿业城市转型战略和矿工再就业特别计划的提案

矿业城市（镇）是指因矿产资源开发而兴起、发展起来的城市，矿业在城市经济中占有重要地位。目前我国有矿业城市和矿业城镇390座，矿业产值占全国矿山总产值的81%。矿业城市（镇）提供全国80%以上的矿物能源和原材料，促进了区域经济的发展，加速了城市化进程，为我国社会主义现代化建设作出了巨大贡献。但是，矿业城市（镇）对矿产资源的依赖性较强，不同程度存在产业结构单一、经济效益不高、企业负担过重、生态环境压力增大、城矿管理职能错位等问题。在经济体制转轨时期遇到新的困难。特别是有47座资源枯竭或接近枯竭的矿业城市（镇），由于矿业衰退，替代产业没有形成，在市场竞争中困难重重；经济萎缩、财政收入锐减；社会事业整体发展滞后，矿山环境问题困难，群体性事件时有发生，社会不稳定因素增加，这种类型的矿业城市（镇），亟待给予扶持。

我国处于社会主义初级阶段，工业化中期，经济建设和社会发展对资源需求量将大幅度增加，矿业仍是我国一个重要的支柱产业，矿业城市（镇）仍然具有重要地位。同时，我国矿业是弱势产业，在国际上竞争力不强，“入世”以后，矿业城市（镇）面临的挑战将更严峻。如果我们对此没有清醒的认识，不及时采取有效措施，就会遭受更大挫折，造成更大损失，就会拖全国经济发展的后腿。因此解决矿业城市（镇）可持续发展问题刻不容缓。

实现矿业城市（镇）可持续发展的目标固然要靠矿业城市（镇）自身的努力，但是矿业城市（镇）的许多问题是几十年计划经济体制时期积累下来的，仅靠自身的力量难以解决。特别是资源濒临枯竭的矿业城市（镇），其鼎盛期的辉煌都奉献给了全社会，国家有责任给予扶持。鉴于矿业城市的地位十分重要，建议国家予以高度重视。在国民经济与社会发展的总体战略中考虑这一特殊问题。建议采取如下政策措施：

一是实施矿工再就业特别计划。以解决矿工再就业问题为突破口，引导矿工从事废弃物利用、土地复垦、现代农业、劳务出口等多种矿业。国家通过设立矿业城市高新技术开发区，组织招商引资或项目洽谈会，优先安排符合产业政策的矿产品深加工项目等，增加就业岗位，促进矿业城市（镇）的产业结构调整、升级和资源枯竭型城市（镇）经济转型。

二是扶植社会保障体系建设。矿业城市（镇）是产业工人最为集中的地方，建立与健全社会保障体系，是保持矿业城市（镇）社会稳定的最重要的一环。对资源枯竭型“特困型”的矿业城市（镇），中央财政应从反哺的角度，按照“公共财政”的原则，实行转移支付，扶助其建立社会保障体系。

三是建立矿山环境保护和土地复垦保护金制度。通过保证金的合理征收、摊销与统筹使用，使“谁破坏、谁治理”的原则得以落实。对于历史遗留下来的矿山环境治理与土地复垦欠账，要纳入国家计划，给予资金支持。

四是制定切实可行的财政扶持政策，促进矿业城市（镇）结构调整，改革不合理的矿业税费制度减轻矿山企业负担，培育企业市场竞争能力。通过财政的贴息操作，使商业银行增加对矿业城市的贷款，并对其税收和利润分配上给予必要的政策倾斜。把矿业城市（镇）基础设施建设纳入国家发展战略和城市规划中予以充分考虑，并增加基础设施建设投资。

五是建立矿山企业反哺机制。从处于高产期、稳产期的矿山实现的利润和国家财政中提取一定的比例，设立全国矿山转产基金，用于衰退期矿山的转产补贴，实现全国矿山发展基金的良性循环。国家建立资源综合利用专项基金，允许各地在区域内建立资源综合利用发展基金，在同级财政的监督管理下，专项用于综合开发利用事业。

六是对矿业城市可持续发展实行统一规划。把矿业城市的振兴和可持续发展纳入国家计划和宏观决策之中，摆在与老工业基地振兴和实施西部大开发战略同等重要的地位上来。国家在实施资产重组、呆账核销、优化资本结构等重大政策时，应重点支持矿业城市（镇），在实施产业政策、投资政策时，注意向这一类重点倾斜。

七是建立一个专门或定期单列的指标体系，以加强对矿业城市（镇）发展状况的数据统计工作。以避免以若干城市来代替总量分析，防止给制定政策带来盲目性，增强决策的科学性。

八是明确一个政府部门，对矿业城市可持续发展实行统一指导和协调，组织政策调研，发挥行业协会的作用，选择有代表性的矿业城市（镇）进行试点，取得经验，指导工作。

（2002年3月）

关于中央财政、地方财政和矿山企业“三家抬”解决矿山企业“办社会”的提案

新中国成立以来，随着国家建设事业的推进，我国矿业有了飞跃的发展，建成国有矿山8000多座，年采掘矿石量40亿—50亿吨，矿业生产规模和产值在世界上仅次于美国、俄罗斯，居世界第三位，矿业的发展为我国经济发展、人民生活和社会进步提供了不可缺少的物质资源。目前，在一次能源构成中，94%的能源为矿物能源，80%的工业原材料为矿物原材料，矿业已成为我国十分重要的基础产业，产值在GDP中近一两年来平均在5%以上。由于矿业的后续效应大，矿业和矿产品加工业产值在GDP中占30%左右。随着国家现代化水平的提高，对矿产资源需求将进一步增加。以美国为例，1776年刚独立时，人均消费矿石量500多公斤，而1998年为20吨，增长了40倍。国家建设要求矿山提供更多的资源，而目前矿山企业又面临很多困难和问题，其中之一就是矿山企业办社会的负担很重。

矿山企业一般处于较为偏僻的地区，距离已有城市较远，由于历史和体制的种种原因，矿山企业又承担起很多政府的社会职能，兴办幼儿园、托儿所、子弟小学、子弟中学、医院、商场、粮店，甚至派出所、火葬场都有，从而背上了沉重的社会负担。矿山企业用于社会性支出远远高于其他企业，一般占销售收入的15%—20%，再加上离（退）休人员多等其他因素，矿山企业就更为困难。

为了减轻矿山企业负担，政府在推进改革中提出实行政企分开，企业不“办社会”，企业把社会职能移交给政府。但是矿山企业所在的矿业城市财政

一般也比较紧张，对不少矿城政府来说，完全要政府负担近期也难以完全办到，这就出现两难局面。

针对这种情况，建议国家在过渡期内采用中央财政、地方财政和矿山企业“三家抬”的办法，来解决矿山企业“办社会”的负担可能是一条出路。据我们了解，有的矿城已经开始这样做了，效果较好，有利于矿山企业和矿业城市共同发展。

（2002年3月）

要像重视“三农”问题那样重视“四矿”问题

在全党、全社会重视“三农”问题的今天，我们必须同时高度重视矿业、矿山、矿工、矿城问题。如处理“四矿”问题失当，既影响国家经济安全和社会稳定，又将影响现代化建设第三步战略目标的实现。

新中国成立以来，我国矿业获得了蓬勃高速的发展，已建有国有矿山8000多座，还有非国有矿山近15万座，年采掘矿石量达40多亿吨，矿石采掘量和主要矿产品总量均居世界第三位，使我国由一个矿业弱国跃入世界矿业大国的行列。矿业为国家建设提供95%的能源和80%的工业原材料，70%的农业生产资料与矿产资源有关。1999年，全国矿产采选业生产总值占GDP的4%，由于矿业巨大的后续效应，矿业产值及矿产品加工业产值约占GDP的30%。矿产品的进出口贸易额占全国对外贸易总额的20%。1999年，矿业城市国内生产总值达30417亿元，占GDP的37.3%，人均GDP为全国人均GDP的150%。

矿业的发展有力地促进了我国的城市化进程和区域经济的协调发展，为劳动就业和社会稳定作出了贡献。目前已形成了390座矿业城镇，吸纳人口3.1亿人。全国在矿业行业从事各种劳动的职工达2100万人。矿业产值在西部地区国内生产总值中占6.29%，高出全国5%的平均水平。矿业成为老少边穷地区的重要支柱产业。

我国矿业在发展前进过程中，在取得巨大成就的同时，也出现了一系列的困难和问题，有些还日趋尖锐。主要表现在：

1.矿业的基础产业地位没有真正确立

矿业是直接从事自然资源开发利用的初次产业，在联合国制订的标准产业分类中，属于第一层次的有10种，其中第二位即为“矿产采石业”，位于“农业”之后。世界上大多数国家也把矿业作为一个独立产业来对待并列为第一产业。但是，矿业在我国无论在国家产业分类上还是在行政管理上，都未作为独立产业，导致无法制定一套统一的、符合矿业经济规律的制度和战略，在这方面，矿业比农业更具危机。

2.矿山企业困难较多，竞争力弱

当前，我国的矿山企业有相当部分在困境中运行，其原因主要有：一是后备资源不足。20世纪五六十年代建设的国有矿山有2/3进入中老年期，资源逐渐枯竭，有440多座矿山即将闭坑和面临闭坑的威胁。二是国家对矿业索取过多。国家在相当一个时期内通过对主要矿产品的垄断经营和矿产品价格的“剪刀差”，实行“资源无价，矿产品低价，深加工产品高价”的政策。目前在我国矿业还实行增值税制度，世界上多数国家对矿业不实行增值税制度，因为矿业和农业一样，没有现代经济管理意义上的“上游产业”，即矿业生产没有“原料”，“矿业进项几乎为零”。这说明我们在管理上把矿业和制造业混为一谈了。在税收上，1994年税改后，矿业算术平均综合税率为14.65%，是税改前的近3倍，是目前全国工业总体税赋水平的两倍，高出国际同行业水平近6个百分点。三是矿山负担重。我国矿山企业比其他企业承担更重的“办社会”任务。再一方面，由于缺少区位优势，下岗职工再就业和家属子女就业都比较难，离（退）休人员也多。四是不少矿山企业管理粗放，技术装备落后，劳动生产率低。据估计，我国矿业总体的科技水平和发达国家相比约落后20年，劳动生产率相差近百倍，资源回收率比发达国家低10%—20%。鉴于以上原因，我国大多数矿山企业在国际市场上缺乏竞争力。

3.矿工收入低，劳动条件差，已成为社会的弱势群体

20世纪五六十年代，矿工的收入位于各行业之首。改革开放以来，矿工收入的增长幅度是全社会最低的行业之一，据国家统计局提供的数据，采掘业职工人均工资水平居于各行业中倒数第二位。很多矿山企业矿工的月收入只有500—600元。矿工劳动条件十分艰苦，关节炎、矽肺病等职业病近年有上升趋势。突发的安全事故主要发生在矿山。由于近400座矿山面临闭坑威胁，将直接影响到300万名矿工和1000余万名家属的工作和生活。由于没有建立符合

国际惯例的“矿山补偿基金”，企业难以转产，这部分矿山职工已形成社会最贫困的阶层。

4.矿业城市可持续发展面临严峻挑战

环境恶化是许多矿业城市的一个突出问题。矿业开发既给城市带来了财富和物质资源，又因废石、废水、废气和地面塌陷及地裂缝等地质灾害给矿业城市环境带来不良影响。而且由于支柱产业单一，矿业城市经济在市场竞争中处于劣势。矿业城镇吸纳人口达3.1亿人，矿业人口占地区人口比重最高的城市高达70%，聚集着数量如此巨大的矿业人口，如不从根本上解决矿城的可持续发展问题，其后果是极其严重的。

5.矿业投入不足，资源供需形势十分严峻

由于矿业没有受到应有的重视，国家的、民间的、外商的资本目前都不太愿意投向矿业。我国矿业的投资环境，特别是非油气矿产投资环境，被国际矿业界认为是最差的国家之一。1999年世界大跨国矿业公司在全球投资的116个大型非油气矿产开发项目，中国一个也没有。由于勘查工作滞后，造成后备矿产储量下降，保证程度降低，新建矿山寥寥无几。据预测，到2010年我国45种主要矿产品中保证需要的只有23种，到2020年则仅有6种。

为解决“四矿”问题，建议中央指定有关部门对“四矿”问题进行一次系统的调研。在进一步弄清情况的基础上，制定相应的发展战略与政策措施。

（1）参照联合国标准产业分类方法，把矿业确定为一个独立的基础产业，建立能反映矿业经济发展状况的统计与考核指标体系，把矿业的振兴和可持续发展纳入国家宏观决策之中。

（2）国家应有一个部门统一管理矿业。按照独立基础产业的构架，确定一个部门，履行统一管理全国矿业的职责，研究制定“四矿”方针政策和矿业发展战略，制定国家矿业长远发展规划，促进矿业发展。

（3）发挥市场机制的作用，促进矿城可持续发展。改善矿业投资环境，多渠道吸引资金投入城市建设和勘查开发，增加资源储备，延长矿山服务年限。

（4）建立矿山企业反哺机制，从处于高产期稳产期矿山实现的利润中提取一定比例，建立矿业补偿基金，用于衰退期矿山的转产补贴；对于面临资源枯竭的城市，要集中力量，实行特别扶持政策，培育非矿产业与促进城市转型。

（5）制订切实可行的扶持政策，统筹矿山合理税赋，切实减轻矿山企业负担。

（6）建立与健全社会保障体系，实施矿工再就业特别计划。

（7）建立矿山环保与土地复垦保证金制度，实施“绿色矿山、绿色矿城”战略，落实“开发与保护并重”、“谁污染、谁治理”和“谁治理、谁受益”等有关政策，理顺城矿职责关系，实施城矿互利战略，制订有利于矿业和城市互利发展的政策。促进资源勘查开发与节约利用，促进产业结构调整优化。采用国家财政、地方财政和矿山企业“三家抬”的办法，切实减轻矿山企业“办社会”的负担。

（2002年3月7日）

关于解决“四矿”问题的紧迫性和对策建议

“四矿”（矿业、矿山、矿工、矿城）问题关系到我国经济和社会发展全局，是当前改革、发展、稳定必须处理好的一个突出问题，目前已引起党和国家领导人的高度重视，国务院有关部门和地方政府为此做了大量工作。根据全国政协第17次常委会的决定，全国政协经济委员会和人口资源环境委员会牵头组成专题组，赴辽宁进行了专题调研，并在沈阳召开了东北三省“四矿”问题座谈会。5月中旬，又在北京召开全国性的“四矿”问题研讨会。通过调研和综合分析，得出的结论是：在某些矿省、矿城、矿区暴露出来的“四矿”方面的矛盾，十分尖锐、复杂和严重，已到了刻不容缓、非解决不可的紧迫地步，应引起全党、全社会的高度重视。

一、解决“四矿”问题是一项紧迫任务

新中国成立以来，在大规模地质勘查工作取得丰硕成果的基础上，建立了8000多座国有矿山，14万多座非国有矿山。从事矿业开发的矿工队伍发展成为2100万人的产业大军。390座矿业城市在荒凉、偏僻的地区拔地而起，不仅加速了我国城市化进程，带动了区域经济的发展，还促进了矿业的大发展，矿业为我国经济建设和人民生活提供95%的能源和80%的工业原材料，70%的农业生产资料与矿产资源有关，城乡人民生活生产用水1/3为地下水。“四矿”为我国现代化建设事业的顺利发展提供了资源保障，作出了重大贡献，并使我国成为世界第三矿业大国。但是，“四矿”在前进过程中也出现了一系列困难和问题。近几年，更发展成为影响改革、发展、稳定，事关我国经济社会发展

全局的一个突出问题。

1.“四矿”问题已经影响社会稳定

目前，8000多座国有矿山中的大部分在困境中运行，没有发展后劲，其中煤炭、有色、核工、化工矿山尤甚。税赋重和社会负担重是矿山企业的突出问题。矿山企业综合税率为其他工业企业的一倍，比国外同行业高出6个百分点。矿山企业社会性支出一般占销售收入的10%—15%。国有煤矿由于生产和安全欠账高达140亿元。45%的高瓦斯煤矿矿井无监测系统，以致事故频频发生。特别是20世纪50年代建设的矿山有2/3进入中晚期，有440多座矿山因资源枯竭而面临闭坑威胁。

全国390座矿业城镇中有47座面临资源枯竭的威胁。由于产业结构单一，主业萎缩，直接影响城市财政收入和经济发展。矿城环境欠账严重，土地复垦率仅12%，不及发达国家的1/4，废石、废水、废气给环境造成严重污染，一些城市因采矿形成的地面塌陷危及人民生命财产安全。在资源濒临枯竭的矿城，主业衰退引起连锁反应，加上缺乏区位优势，吸引外来投资能力较差，失业人群庞大，再就业艰难。辽宁阜新矿业下岗失业达15.5万人，占市区人口的20%，特困居民20万人，占25%。据估算，全国因矿山资源枯竭而产生的困难矿工总量约在300万—400万人，并影响1000万人以上职工家属生活。

部分矿工生活困难是“四矿”的一个突出问题，据国家统计局资料，矿工收入过去位于各行业之首，现在已位于各行业之末。相当多的矿工家庭人均收入低于当地农村人均可支配收入。据抽样调查，一般矿山的一线工人月收入500—800元，特困矿企的一线工人的月收入200—300元，还不能按时发放。截至2001年底，全国国有重点煤炭企业拖欠职工工资63.22亿元。资源枯竭矿山职工以及矿山企业下岗人员、伤残人员，已经成为社会最贫困的群体之一。矿工看不起病、子女上不起学已相当普遍，有的家庭甚至出现断粮现象。

由于有很多矿工生活相当困难，矿工中有一股怨气，对社会稳定已经带来了不良影响。据各地反映，近年来在10多个省（区）的矿城和矿区中发生了群体性事件，而且规模呈扩大趋势。虽然各级政府做了大量工作，此类事件仍时有发生。值得警惕的是国内外敌对势力已开始插手的群体性事件，需要我们高度重视。

2.“四矿”问题影响国家经济安全和可持续发展

我国是发展中大国，正处在工业化进程中，对矿产品的需求将持续攀升。1978年我国人均消耗矿物能源为593公斤标准煤，而2000年上升到1011公斤，为1978年的1.7倍。实现第三步战略目标需要消耗更多的矿产资源，而矿业滞后于国民经济的发展，提供资源保障能力在下降。2001年我国GDP增长为7.3%，而矿业为6.9%。矿业在其中的比重，由以往的6%下降为4.9%。根据测算，矿业产值每下降一个百分点，将影响直接下游产业5个百分点。目前矿业和直接下游产业产值占全国GDP30%左右，如果基础不稳，不仅波及相关产业，而且必然给经济的可持续发展带来影响。

由于一批矿城资源衰竭，矿业城市不仅丧失自身的可持续发展能力，而且影响国家提供矿产品的能力，还影响了区域经济的可持续发展。辽宁阜新的GDP近5年平均增长仅2.7%，比西部地区还低。目前全国矿业城镇管辖人口有3.1亿人，矿工1000多万人，当融入区域经济中的矿城一旦失去可持续发展能力，必将影响很多群众的生活和国家社会经济的可持续发展。

矿业可采后备资源减少，对国家经济安全也带来直接影响。目前，石油保有可采储量静态服务年限仅有15年（全球为42年），即使是资源条件较好的煤炭资源，可供建井的精查储量也严重不足。按接替报废矿井产能计算，到2010年前新建矿井所需精查储量为500多亿吨，而现在仅有223亿吨，缺口277亿吨。据专家预测，到2020年，45种主要矿产已探明可采资源能保证需求的只有6种。

由于矿业发展滞后，矿产品供需矛盾不断扩大。石油长期短缺已成定局，现年进口约7000万吨，今后将进一步扩大。铁矿“九五”期间基本没有建设新矿，产量下滑，去年进口铁矿石9230万吨，接近钢铁工业总需求的一半。10种有色金属矿山到2010年将关闭335座，占矿山总数的46%，产能将消失近5000万吨，占总产能的35%。由于大宗矿产品供需缺口进一步扩大，2001年我国矿产品进出口贸易逆差已达259.6亿美元，为1978年的22.7倍。

二、“四矿”问题产生的深层次原因

总体来说，矿业属初次产业，在工业化起步阶段，必须也不得不由它们承担资本原始积累的任务。但“四矿”问题的集中爆发，确也有其他深层次的原因：

1.矿业特殊的经济规律未能全面遵循

第一，矿业活动规律未被遵循。矿产勘查是矿产开发的前提和基础，勘查严重滞后，可供开采资源减少是引发“四矿”问题的重要原因。国家政策对刺激勘查的动力明显不足，商业性勘查市场投入机制尚未形成，国拨地勘费占国家财政支出的比例又由1990年的3.1%下降到1.3%，造成地勘业严重萎缩，2000年用于探矿的钻探工作量仅是1975年的2%，新发现的矿产地急剧减少，仅为1987年的27%。

第二，矿业产业定位失当。矿业在联合国产业分类中被列为第一产业，列农业之后、制造业之前，而我国将其列为第二产业，与制造业同等对待，这种“错位”一直延续至今，导致许多认识上的混乱和政策上的不合理。

第三，对矿业生产的特点了解不够。一是矿山的劳动对象是不可再生的矿产资源，从资源充足走向枯竭是客观规律，因资源逐渐枯竭而引发经济效益递减也是矿山发展的客观规律，但我们未能做到未雨绸缪。二是矿业生产的是初级产品，附加值低，它的效益主要体现在后续产业。但整体矿业的综合税费却高于制造业。三是矿业生产的级差收益差别很大，但政策调节不够合理。四是对矿山企业缺乏区位优势认识不足。矿山企业建矿初期就承担“建城”职能，承担着比一般企业更重的“办社会”职能，由于区位条件差，安置下岗再就业难度也比综合性城市大。

2.矿业统一管理体制未能建立

由于体制上的原因，中国矿业过去被条块分割，几轮政府机构改革后的今天，仍没有一个政府部门统一对矿业进行全面规划、指导与管理，从而无人来通盘考虑矿业发展规划、发展战略和方针政策问题。

3.矿业发展的合理政策法规体系未能建立到位

长期以来，符合矿业经济规律的政策法规体系没有建立到位。现有政策有的也不利于矿业发展，如综合税费率太高，没有从资源耗竭规律和效益递减规律出发制定相应的资源补偿政策和矿山转产扶持政策。矿业的投资政策、财务政策等都和国际惯例无法接轨，投资环境差，加上矿业权的安全又缺乏事实保障，国内外公司不愿意投资非油气矿业，导致矿业投资出现严重萎缩的局面。

4.矿业自身的弱点带来的影响

由于中国资源禀赋欠佳，贫矿多、富矿少，小矿多、大矿少，适合中国矿业发展战略的企业组织形式还未形成，条块分割仍是基本格局，加上总体科技水平比发达国家落后约20年，相当部分国有大矿机制尚无根本转变，管理粗放，中国矿业受到巨大冲击，“四矿”问题集中爆发也就难以避免。

三、解决“四矿”问题的对策和工作建议

解决“四矿”问题，要贯彻江总书记“三个代表”的重要思想。矿工是我们党长期以来依靠的一支重要的产业工人力量，维护好最广大人民的根本利益，是我们党一切工作的出发点和落脚点。因此解决问题要强调“以人为本”，安邦先安民、安民先安心。

解决“四矿”问题要以中央确定的可持续发展战略为指导，统筹兼顾、突出重点，区分轻重缓急，标本兼治，重在体制创新、制度创新和机制转换。具体对策建议有：

1.实施特别救助计划

要从速落实好“两个确保”政策，做到“应保尽保”。在此基础上，制定实施“四矿”特别救助计划。政府应确立以就业为核心的经济政策，提供多种就业机会，抓紧治理危及矿工生命安全的危房和基础设施，确保社会稳定；要支持矿城在做足“矿”的文章的同时，因地制宜地发展第三产业、现代农业和其他产业，大力发展民营经济。用行政的和经济的手段促进经济转型和产业升级，鼓励煤电等相关产业联营，鼓励资源供给城市和资源利用城市建立伙伴关系，实现优势互补。

2.确立中国矿业为第一产业的基础产业地位

按照矿业活动客观规律和国际惯例，对矿业重新定位。把中国矿业调整到第一产业，牢牢确立其独立的基础产业地位，以整体形式纳入国民经济体系，并按照新的定位调整政策，健全法制，改善投资环境。首先要考虑以下几点：一是统筹矿业合理税费，调整到不高于制造业的平均税费标准水平；二是建立矿山补偿机制，在税前为矿山“买保险”，用于矿山衰退时转产补贴和职

工安置；三是健全法制，强化矿业权安全保障，维护中外投资者的合法权益。

3.设置统一管理矿业的政府部门

从中国矿业实际出发和参照国际多数国家做法，建议在政府中设置一个部门，对矿业加以统一规划、指导和管理。

4.制定矿业统一的发展战略

在制定矿业总体发展战略方面，建议考虑以下一些方针如：矿业开发，勘查先行，找矿与采矿协调发展；勘查开发在地区布局上实行东部挖潜、西部开拓、陆海并进；扩大开放，自主开发与合作开发并举；开源与节流并重，把节约放在首位；国内资源为主，国外资源为辅，建立全球资源供应体系；建立资源战略储备制度，实行消费与储备兼顾；重视环境建设，实行开发与保护并重；调整矿产品进出口结构，有出有进，以出养进；矿与非矿并举，实现多元发展；国有矿与非国有矿共同发展等。

5.切实加强矿产地质勘查工作

加强勘查工作一要大幅度增加投入；二要依靠先进科技提高发现与勘查矿产的能力；三要调动作为勘查主体的地质队伍的积极性。目前商业性地勘市场尚未形成，要通过深化改革和政策调控，实现投资主体多元化，积极运用矿业权入市机制，制定勘查投入税前列支的政策，调动各方面积极性增加投入探矿。与此同时，国家也应增加公益性地质工作投入，并多承担一点矿产勘查投资风险。也可运用一定量国债，通过政府收购矿产地质成果来激活市场，必要时再进行有偿转让。作为从事矿产勘查主体的地质勘查队伍在属地化之后遇到很多问题和困难，国家和各地政府都应关注队伍的巩固，支持他们多做矿产勘查工作。

6.深化矿业体制改革

要进一步推进矿业体制改革。一是在政策引导下组建产权多元化的大型矿业集团，并建立规范的现代企业制度；二是鼓励延长产业链，实行矿——电、矿——化、矿——路等联营，加强矿业同当代高技术产业群的结合，推进自身产业升级；三是坚决剥离矿山企业“办社会”的职能；四是转变经营机制，深化产权制度改革，建立企业经营者和职工期权制度；五是成立股权多元化的矿业发展银行，遵循矿业特有的经济规律来投融资，改变矿业“金融失血”状况。

7.建立新型的城矿关系

国家应制定有利于城市和矿山企业共同发展的城市发展政策和矿业企业发展政策，实施城矿互利战略，将矿业发展和城市发展规划结合起来，避免“建城压矿”或“建矿废城”；矿企和政府的职能都要“归位”，各司其职；加快推进城市类型转变，重点发展为区域经济服务的第三产业群和自己的个性优势产业。

对全国已有的390座矿城，要进行分类指导。对衰老期矿城要做足“矿”的文章，争取新的发展以延长矿山服务期，为经济转型积累实力赢得时间。经济转型要从实际出发，发展特色产业，制定特殊政策，宜农则农、宜工则工、宜商则商。区位和生存条件恶劣的矿城，要有计划地转移出一部分城市人口。对成长期、鼎盛期的矿城要采取适度开发战略，延长矿山服务年限，为发展其他产业实现经济转型赢得时间；要控制城市发展规模，加速发展多元产业，逐步形成新的支柱产业和替代产业。

今后新建矿山一般不“办社会”，依托附近城镇建设后方基地，实行城矿分建。即使区位条件良好的大型矿产地，也要建设以矿业为基础的综合性城市，并将矿区和城区适度分离，适度控制城市人口规模和矿业开发强度，保护生态环境，这在西部大开发中尤其要注意。

8.建议中央召开“四矿”问题工作会议

解决“四矿”问题是一项庞大的系统工程，任务十分艰巨，只能由中央进行战略调整和宏观决策。为此，建议中央将“四矿”问题写进党的“十六大”报告，以期引起全党、全社会的高度重视，并建议在明年适当时间召开“四矿”问题工作会议，解决“四矿”面临的问题，以维护社会稳定和经济可持续发展。

（2002年6月25日）

加强矿产勘查工作是一项紧迫任务

地质勘查工作是国民经济的先行官。矿产勘查工作是地质勘查工作的重要组成部分，也是与“四矿”问题关联度较大的矿业生产的一项前期工作。毛主席于20世纪50年代初就号召要“开发矿业”，并提出对地质工作“要提早一个五年计划，一个十年计划”，“没有原料，光搞加工工业，这叫作搞‘无米之炊’。”深刻反映了“要采矿先找矿”这一矿业活动的客观规律。在此思想指导下，矿产勘查工作曾有辉煌的历史，发现并探明了大批矿产地，为我国矿业的发展和现代化建设作出了巨大贡献，但近些年来“要采矿先找矿”这一客观规律没有得到遵守，引发了“四矿”的一系列问题。

一、地勘工作滞后引发的严重后果

1.矿产资源保证程度降低

近年来由于地勘工作滞后，45种主要矿产中，多数矿产的保有储量逐年下降，新发现矿产地急剧减少，后备接替资源储量严重不足。1996—2000年5年中，平均每年都有26种主要矿产以上的保有储量，消耗速度大于储量增长速度。尤其是煤、铁、锰、铜、铝土矿、镍、铅、锌、钨、铬、磷、钾等国民经济支柱型重要矿产，“吃老本”的情况格外突出。据专家预测，到2020年45种主要矿产能保证需求的只有6种。

2.生产矿山面临资源危机

目前石油、冶金、有色金属、黄金等矿山后备资源严重不足，面临资源枯竭的矿山有440座。大庆、辽河等主力油田到2005年，原油产量年均递减分别为150万吨和36万吨。有色金属形势更为严峻，2/3的主力矿山进入中晚期，已关闭和即将关闭的矿山有83座，到2010年预计还要关闭355座，占矿山总数的46%，产能消失近5000万吨，占总产能的35%。冶金矿山有45座面临资源枯竭，将丧失生产能力3600万吨。

2.区域经济受到严重影响

全国390座矿城因资源濒临枯竭进入衰老期的已有47座，占总量的12%。这些矿城的矿工大量下岗失业，生态环境受到严重破坏，区域经济逐步衰退，已引发大量的社会问题。

3.引起相关产业经济震荡

目前国内已很难找到达到勘探程度、可供投资开发的大中型矿床，即使资源条件较好的煤炭，到2010年前，弥补报废矿井产能的精查储量缺口也高达300亿吨。国内矿产资源供给不足，只能通过大量进口国外矿产品来维持后续产业的发展。近两年，矿产品进出口贸易逆差进一步扩大，2001年达259.6亿美元。其中大宗短缺矿产品的进口量连年攀升，进口铜精矿已超过国产铜精矿的产量，铁矿石进口量已接近钢铁工业需求的一半。进口石油达到国内需求的30%。

据统计，矿业和直接下游矿产品加工产业产值占全国GDP30%左右，地勘工作的滞后影响了矿业的发展，2001年矿业在GDP中的比重，由以往的6%下降到4.9%，而矿业下降1个百分点，将影响下游产业5个百分点。

二、地勘工作滞后的原因

1.对矿产勘查工作重视不够

矿产勘查是国民经济中一项先行性前期工作，周期长、见效慢、风险大，容易因为忙于见效快的工作而忽视矿产勘查。再加上对“要采矿先找矿、找矿与采矿要协调发展”这一客观规律认识不足，采矿长期处于“吃老本”的状态，致使探采失调，造成后备资源紧张。

2.矿产勘查投入严重不足

投入严重不足有三个方面原因，一是国家投入不足；二是商业性勘查市场没有形成；三是投资环境差难以吸收外资。国内外资本都不愿投向商业性矿产勘查。经测算，我国在国际勘查资金市场所占份额不足0.5%，和辽阔的国土面积不成比例。国外近百家勘探公司从20世纪80年代起进入中国市场，到现在几乎没有成功的先例，不得已纷纷撤出，仅剩下10余家。我国地勘投入占国家财政支出的比例从1990年的3.1%下降到2000年的1.3%。由于商业性矿产勘查市场尚未形成，实际投入勘查的费用少得可怜。据抽样调查，每年只有6亿—8亿元用于矿产勘查。据统计，2000年投入固体矿产勘查钻探工作量30万米，仅为1975年的2%；发现的矿产地为131个，仅为1987年的27%。

3.矿产勘查力量严重削弱

近年来由于任务不饱满，地勘队伍不稳，年轻人不愿意学地质干地质，新培养的人才又少，现有人才大量外流，从事勘查的力量大大削弱，地勘队伍属地化之后，出现很多困难和问题，没有得到很好地解决。

加上大多数地勘单位经济成分单一、社会负担沉重、资本金短缺，为养活队伍不得不从事非勘查性活动，无力从事应有的矿产勘查工作。

三、对策建议

21世纪是我国处于大量消耗矿产品支撑经济高速增长的时期，必须用战略的眼光加强地质勘查工作，并在“加强”上有切实可行的措施。

1.加强地质勘查的行业管理

要从体制上进一步理顺关系，在地勘业和矿业这一总系统当中，政府应考虑加强地勘行业的统一规划、指导与管理，制定中国地质勘查发展战略，制定中长期发展规划，从宏观上指导管理地质勘查工作。

2.加大基础性地质调查的投入

建议国家财政增大基础性地质调查的投入，特别要增加对石油等战略资源、西部矿产资源的投入力度。对国家急缺的、但又有一定找矿前景的矿产，应多承担一些勘查风险，由国家财政支持到详查阶段。

3.加快培育商业性矿产勘查市场

要推进商业性矿产勘查市场机制的形成与完善，实现投资主体多元化。要制定扶持商业性矿产勘查的政策，如建立矿山资源耗竭补贴制度、税前抵扣勘查投入制度、风险勘查上市筹资制度和境外勘查风险分担制度等。还需进一步完善外商投资勘查非油气矿产资源的鼓励政策，放宽对外商投资的限制。要充分利用矿业权入市的机制，培育多元化的投资主体进行探矿。并利用一定量的国债，通过政府收购矿产地成果来激活市场，必要时再进行有偿转让。要通过政策引导，特别注重对老矿山周边和深部的勘查工作，实践证明它有相当大的找矿潜力。

4. 深化改革增强地勘单位市场竞争力

要进一步完善公益性和商业性地勘工作分制运行的新体制，要创造条件使以商业性地勘工作为主的属地化地勘队伍，把加强矿产勘查作为自己的首要任务，要以通过地质成果入市来获得自身的经济发展。同时利用自己的土地、房产等存量资产，加快产业结构调整，发展非地勘产业，加快企业化进程，实现“精兵加现代化”。

5.逐步建立国外资源安全供应基地

在充分论证的前提下，鼓励地勘单位走出国门勘查国内紧缺的矿产资源。对符合条件的境外矿产勘查项目，国家要在优惠贷款、分担勘查风险等方面给予支持。对境外勘查开发矿产资源所获得的份额矿产品，实行进口优惠关税政策。

（2002年6月28日）

发言

人民政协发展历程与时期划分

1949年9月21日，中国人民政治协商会议在北平胜利召开，从那时起到今天，人民政协已经走过半个世纪的曲折而又光辉的道路。50年来，在以毛泽东、邓小平、江泽民为核心的中国共产党三代领导集体的关怀与领导下，在毛泽东、周恩来、邓小平、邓颖超、李先念、李瑞环历届主席的主持下，人民政协为中华人民共和国的诞生与发展，为爱国统一战线的巩固与壮大，为改革开放和社会主义现代化建设的进展，为祖国和平统一大业的推进，为保卫世界和平和拓展人民外交进行了大量的卓有成效的工作，为祖国为人民作出了重大贡献。

纵观人民政协的发展历史，其成就是辉煌的，功绩是巨大的。但在这50年的过程中，在不同的历史时期，人民政协的组织状态，她的活动功能、活动内容、活动方式和活动效果是不尽相同的。可以说，人民政协50年的历史，是几个各具特点的阶段相连接的历史。至于如何科学地进行时期划分，这是研究人民政协史的重要课题之一。笔者在初步学习有关史料之后，著成此文，试将人民政协自成立以来的发展历程划分为初创辉煌时期、转变功能时期、陷于停顿时期和新的发展时期等四个时期，与大家共同探讨。不当之处，欢迎批评指正。

一、初创辉煌时期（1949—1954年）

从1949年9月21日中国人民政治协商会议第一次会议召开之日起，到1954年9月15日全国人民代表大会召开之日止，这是人民政协的初创时期，也是人民政协的辉煌时期。这个时期，人民政协不仅协商决定了有关成立新中国的大事，而且在中华人民共和国成立之后，全国人民代表大会成立之前，还代行人民代表大会的各种职权。

1949年9月21日，经过中国共产党和各民主党派及无党派爱国人士共同努力与精心筹划之后，中国人民政治协商会议第一次全体会议在北平胜利召开，它执行全国人民代表大会的职权，代表全国人民的意志，宣告中华人民共和国的成立。毛泽东主席也正是在这次会议上向全世界庄严宣告，中国人民从此站立起来了。政协一届一次全体会议虽开了短短10天，但办了9件大事：一是通过了有临时宪法性质的《中国人民政治协商会议共同纲领》；二是制定了《中华人民共和国中央人民政府组织法》；三是制定了《中国人民政治协商会议组织法》；四是选出毛泽东为中央人民政府主席；五是决定首都为北平，并更名为北京；六是决定以五星红旗作为中华人民共和国国旗；七是以《义勇军进行曲》作为国歌；八是决定以公元作为纪年；九是对国徽方案进行了初步讨论，为在第二次会议通过国徽图案打下了基础。

中华人民共和国成立之后，全国政协一届期间还协商通过了一系列法案。其中主要有《中华人民共和国土地改革法》《中华人民共和国婚姻法》《中华人民共和国合作社法》《中华人民共和国私营企业暂行条例》《中华人民共和国惩治反革命条例》等。这个时期的人民政协，在毛泽东主席的直接领导下，为新中国的诞生，为人民民主政权的建立与巩固，为动员全国人民夺取抗美援朝的胜利和恢复与发展国民经济，作出了卓越的贡献。

二、转变功能时期（1954—1966年）

自1954年9月15日至28日全国人民代表大会召开之后至1966年文化大革命爆发之前，对于人民政协来说，是一个转变功能时期。之所以说是转变功能时期，原因是在全国人民代表大会召开之后，人民政协不再代行人民代表大会的职权了，人民政协的职能就需要有一个很大的转变。当时，在人民代表大会召开之后，有些同志曾提出政协还有否继续存在必要的问题。针对这种思想，毛泽东主席于1954年12月29日与民主党派人士座谈时说，“人民代表大会是权力机关，有了人大，并不妨碍我们成立政协进行政治协商。各党派、各民族、各团体的领导人物一起来协商新中国的大事非常重要……人大的代表性当然很大，但它不能包括所有的方面，所以政协仍有存在的必要。”（《老一辈革命家论人民政协》，第183页；以下凡引此书只标页码）其实，关于人民政协作为统战组织将长期存在的问题，早在1949年政协第一届全体会议上，刘少奇同志代表中国共产党发言时就曾明确指出："中国人民政治协商会议是中国人民民主统一战线的组织形式，是全国人民实行革命大团结的一种最重要的具体方式。它在今天开始了自己的工作之后，将长期地继续在中国存在。"（第65页）人民政协作为统战组织将继续存在问题解决之后，就是在不代行人大职权之后，政协还履行哪些职能以及活动内容与活动方式都确有一个转变问题。周总理当时说："人大既开，政协代行人大职权的政治机关作用已经失去，但政协本身的统一战线的作用仍然存在，去掉一个代行的作用，留下一个本身的作用。"（第186页）至于履行什么职能，承担哪些任务，时任全国政协主席的周恩来同志在全国政协二届一次会议上所作的报告中转述了毛泽东主席提出的五项任务。这五项任务是：①协商国际问题；②协商全国人民代表大会和地方人大代表的候选名单；③协助国家机关推动社会力量，解决社会生活中的关键问题；④协商和处理政协内部和党派团体之间的合作问题；⑤学习马列主义和努力进行思想改造。这个时期，伴随着中国共产党对社会主义建设基本规律的不断探索和认识，人民政协在中国共产党领导下，在探索社会主义民主政治建设的道路上做了大量工作，取得了相当的成就。人民政协自身也获得了相当的发展。到1964年，全国各级政协委员会已有1077个。

三、陷于停顿时期（1966—1976年）

十年"文革"时期，是人民政协事业陷于停顿的一个时期。

自1966年5月至1976年10月在我国发生了文化大革命，使党、国家和人民遭受了新中国成立以来最严重的挫折和损失。我们国家政治上陷入极度混乱，经济上处于崩溃的边缘，人民政协也受到很大的冲击和影响，政协工作无法开展，很多政协委员受到迫害，组织陷于瘫痪，一切活动陷于停顿。人民政协成了重灾户。后来邓小平同志对这个时期有个评价，他说，"十年浩劫期间，由于林彪、江青两个反革命集团的破坏，人民政协的活动陷于停顿。"（第333页）

四、新的发展时期（1976年10月以来）

十年“文革”结束后，人民政协和整个国家一道进入了一个新的发展时期。中共十一届六中全会决议指出：“1976年10月粉碎江青反革命集团的胜利，从危难中挽救了党，挽救了革命，使我们的国家进入了新的历史发展时期。”（《十一届三中全会以来党的历次全国代表大会中央全会重要文件选编》上册，第189页）粉碎“四人帮”后，随着党和国家各项工作的恢复与发展，人民政协的活动也逐步开始恢复与发展。1977年全国政协欢度了粉碎“四人帮”之后的第一个春节，并决定于1978年召开政协五届一次会议。1978年2月24日至3月8日全国政协五届一次会议在北京胜利召开，会议一致选举了众望所归的邓小平同志为五届全国政协主席。人民政协的各项活动在邓小平同志的亲自主持下迅速开展起来。

1978年12月中共十一届三中全会胜利召开。全会通过拨乱反正，重新恢复与确立了党的实事求是的思想路线，将党的工作重点从以阶级斗争为纲转到以经济建设为中心的轨道上来，任务发生了根本变化。全会还确定实行改革开放的方针政策，这是国家发展战略的根本转变。这个时期国内阶级状况也发生了根本变化，邓小平同志于1979年6月15日在全国政协五届二次会议开幕词中明确指出，新中国成立30年来，工人阶级的力量和地位大大加强了，农民已成为集体农民，知识分子已成为工人阶级的一部分，原有资本家中有劳动能力的绝大多数已经改造成为自食其力的劳动者，各民主党派都已成为中国共产党领导下的为社会主义服务的政治力量，港澳台侨胞心向祖国，在支持祖国建设、实现祖国统一大业方面发挥了重要的作用。正是基于党的工作重点、国家发展战略和国内阶级状况发生了根本变化，小平同志在开幕词中进一步明确指出：“我们的国家进入了以实现四个现代化为中心任务的新的历史时期，我们的革命统一战线也进入了一个新的历史发展阶段。”

这个时期人民政协事业有几个较为重要的特点。一是邓小平人民政协理论是在这个时期形成的，这对于人民政协事业长远发展具有最深远的意义；二是在党的第二代和第三代领导集体的关怀重视下，人民政协的基本职能逐步明确为政治协商、民主监督和参政议政，并朝着规范化、制度化的方向前进；三是人民政协的队伍空前壮大，全国各级政协组织有3000多个，各级政协委员有50万人；四是人民政协的工作空前活跃，并在围绕中心、服务大局、维护稳定、促进祖国和平统一等方面进行了大量工作，作出了重大贡献，并积累了许多宝贵的经验。

新的发展时期是人民政协发展史上辉煌的时期之一。邓小平同志作为中国共产党第二代领导集体的核心和新时期人民政协事业的奠基人，在把我国带入改革开放和社会主义现代化建设新时期的过程中起了总设计师的作用，也为人民政协进入新的历史发展时期起了极为重要的奠基作用。

人民政协已经走过了50年的光辉历程，在以江泽民同志为核心的第三代领导集体的领导下，正昂首阔步地走向21世纪，走向更加美好的未来。

（1999年9月15日）

人民政协的侨务工作

同志们：

我非常感谢全国人大华侨委员会，感谢甘子玉主任给我一个机会向大家介绍全国政协侨务工作情况。

我今天讲的题目是“人民政协的侨务工作”。分三个问题讲：一、人民政协的发展历程、性质、特点和主要职能；二、人民政协侨务工作的地位和主要任务；三、开展人民政协侨务工作的几点体会。

一、人民政协的发展历程、性质、特点和主要职能

今天我要讲的是人民政协的侨务工作，而不是人大华侨委、国务院侨办、中国侨联和致公党的侨务工作，所以有必要先对人民政协作一点简要介绍。

1.人民政协的发展历程

中国人民政治协商会议是在1949年9月21日成立并召开了第一次会议的。从那时算起到今天人民政协已走过了半个多世纪的光辉历程。这50多年的发展可以划分为五个时期。

（1）第一个时期是初创时期

从1949年9月人民政协成立到1954年全国人民代表大会召开前，为第一个时期，即初创时期，也是一个辉煌的时期。这个时期由于革命刚刚胜利，人民代表大会尚未成立，人民政协第一届全体会议代行全国人民代表大会的职权，代表全国人民的意志，宣告了中华人民共和国的成立，选举了中央人民政府委员会，并赋以国家权力的职能，决定了国都、国旗、国歌、纪年等国家重

大事务，制定了具有临时宪法性质的《共同纲领》和《土地改革法》等一系列法律，在国家政治生活中发挥了特殊的历史作用。

（2）第二个时期是探索前进时期

1954年至1966年为第二个时期，是探索前进的时期。1954年第一届全国人民代表大会第一次会议召开后，全国人大开始作为国家最高权力机构行使相应的职权。人民政协全体会议完成了代行全国人民代表大会职权的历史使命，其全国委员会及其常务委员会作为人民民主统一战线的组织继续发挥重要作用。由代行人大职权到不代行人大职权而作为统一战线组织存在，这是一个很大的转变。在这一过程中，人民政协对如何发挥作用进行了新的探索，政协全国委员会经历了二、三、四届，召开了八次会议，对国家政治生活中的一些重大问题进行了充分协商，在团结人民进行生产资料社会主义改造，推进社会主义建设，调整统一战线内部关系，活跃国家政治生活等方面作出了重大贡献。

（3）第三个时期是陷于停顿时期

1966年至1976年十年“文革”时期，这是人民政协活动陷于停顿的时期。由于林彪、江青两个反革命集团的破坏干扰，人民政协的活动被迫停止。

（4）第四个时期为恢复活动时期

1976年“四人帮”被粉碎后至1978年为恢复活动的时期。由于“四人帮”被粉碎，“文革”动乱宣告结束，人民政协开始恢复活动。这个时期的一个重要活动就是召开了人民政协四届七次常委会议。会议根据中共中央的建议，协商讨论了召开全国政协五届一次会议的有关问题。

（5）第五个时期为新的发展时期

1978年党的十一届三中全会胜利召开之后，开始了人民政协事业新的发展时期。在党的第二代和第三代领导集体的关怀重视下，人民政协的职能逐步明确，并朝着规范化、制度化的方向迈进；人民政协的队伍日益壮大，人民政协的工作更加活跃，并积累了许多宝贵的经验。在这个时期，人民政协的基本理论基本形成，这对于人民政协事业长远发展具有最深远的意义。

人民政协50多年发展历程的全部活动，可以归结为两大主题：团结和民主。这两大主题贯穿于人民政协的全部工作，是人民政协性质的集中体现，是人民政协产生和发展的历史根据，是人民政协继往开来的方向和使命。

2.人民政协的性质

人民政协的性质在《政协章程》和《政协全国委员会关于政治协商、民主监督和参政议政的规定》中有明确的规定，在中央领导的讲话中也有明确的表述。有三句话说明人民政协的性质。这三句话是：“人民政协是中国人民爱国统一战线的组织，是中国共产党领导的多党合作和政治协商的重要机构，是我国政治生活中发扬社会主义民主的重要形式。”虽然不同历史时期对人民政协性质的具体表述有所差别，但人民政协的这种性质始终没有改变。

人民政协的这种性质，是由我国的国体和政体所决定的。在我国，人民代表大会制度是我国的根本政治制度，中国共产党领导的多党合作和政治协商制度是我国的基本政治制度。对此，毛主席和邓小平同志都曾有过明确的指示，中国不搞西方式议会民主，不搞三权分立。政协不同于人大在于：①人大是我国最高权力机关，是立法机构；而政协则不属于权力机关，是协商议事的机构。②人大代表是按地区选举产生，而政协委员是按界别协商产生，由界别组成是政协不同于人大的一个重要特点。

人民政协的这种性质也是由中国特定的历史条件和现实条件所决定的，是历史发展的结果。近代中国历史表明，多种政治力量都曾在中国这个大舞台上进行过表演，曾一度掌握着中国的命运，但真正做到统一中国、使中国强大、能自立于世界民族之林的是中国共产党，所以，领导中国革命和建设的历史责任无可争辩地落在中国共产党的肩上。这是中国不搞多党制的一个重要历史原因。在共产党领导下，与各爱国力量、民主力量共商国是，也是我国民主传统的一种体制形式。早在抗日战争时期，在中国共产党领导下，形成了包括一切抗日力量在内的抗日民主统一战线；在解放战争时期，形成了在中国共产党领导下以反对国民党反动派、建立新中国为目标的人民民主统一战线。新中国成立后，统一战线作为中国革命取得胜利的三大法宝之一，进一步扩大。历史形成的协商国家大事的传统做法，以政协这种组织形式固定下来并加以发扬光大。

3.人民政协的特点

人民政协的性质决定了它具有其他组织所不具有的以下特点：

（1）组织上的广泛代表性

人民政协包括了当今中国各党派和主要社会团体，集中了社会各界的代表人物。政协全国委员会由中国共产党、各民主党派、无党派民主人士、人民团体、各少数民族和各界的代表，台湾同胞、港澳同胞和归国华侨的代表以及特别邀请的人士组成，有政党、团体、界别和特邀四个方面，共34个界别参加，真正体现了整个中华民族的大团结、大联合。

（2）政治上的巨大包容性

在“大团结，大统一，囊括一切代表人物”方针下，人民政协作为最广泛的统一战线组织可以尽最大可能把一切可以团结、联合力量的代表人物吸收进来，并在共同政治基础之上“求同存异”。当今统一战线可以用三个大的层圈来形容，一是社会主义劳动者的联盟，这是核心部分；二是拥护社会主义爱国者的联盟，这个范围比第一个联盟范围大；三是拥护祖国统一的爱国者的联盟，这个范围就更大了。由此可见，人民政协在政治上有着最大限度的包容性。

（3）党派合作性

人民政协以党派、团体为基础组成，是中国唯一的包含所有合法政党，并以本党派名义在其中活动的多党合作组织。各民主党派可以政党名义在政协发表意见，提出提案，开展调研、视察等参政议政的各种活动。人民政协这种与生俱来的党派合作性，是政协不同于其他政治组织的显著特点。

（4）民主协商性

各党派、各人民团体、各族各界代表人士在人民政协组织中，就国家的大政方针和重要事务在决策之前进行讨论协商，提出建议和意见，使国家制定的各项政策和法规更加充实和完备，这样既符合最大多数人民的要求和愿望，又尊重少数人的合理意见。这种协商并不是决策，协商中的各种意见也不具有法律上的制约力，但这种协商对决策具有重要的影响。这种在决策之前进行政治协商的做法，是我国社会主义民主制度的一个重要特点和优点。例如，政协专门委员会对“十五”计划纲要提了100多条修改意见和建议，其中有58条建议被采纳吸收。

此外，人民政协还具有“亦官亦民”、位置超脱等特点，在开展工作方面有着较强的灵活性，等等。

4.人民政协的主要职能

根据《政协章程》的规定，人民政协的主要职能是政治协商和民主监督，组织参加政协的各党派、团体和各族各界人士参政议政。

政治协商是对国家和地方的大政方针以及政治、经济、文化和社会生活中的重要问题在决策之前进行协商和就决策执行过程中的重要问题进行协商。

民主监督是对国家宪法、法律和法规的实施，重大方针政策的贯彻执行，国家机关及其工作人员的工作，通过建议和批评进行监督。

参政议政是政治协商、民主监督的拓展和延伸，是组织参加政协的各党派、各团体和各族各界人士以多种形式参与国家政治生活的概括性表述。

为了使政治协商、民主监督经常化、制度化，1995年1月，政协第八届全国委员会常务委员会第九次会议通过了《政协全国委员会关于政治协商、民主监督和参政议政的规定》，对政治协商、民主监督和参政议政的目的、主要内容、主要形式和程序作出了具体规定。中共中央为此向各级党委发出通知，要求各地认真执行。

此外，人民政协还有其他方面的职能，如协调内部关系、联系和团结各方人士、扩大海内外联谊、为群众办实事等。就侨务工作来说，人民政协是联系国内归侨、侨眷和海外华侨华人的重要组织，是反映国内归侨、侨眷和海外华侨华人意志愿望的重要渠道，是为华侨华人回国创业和为国服务提供服务的重要桥梁。

二、人民政协侨务工作的地位和主要任务

1.侨务工作在党和国家工作中的重要意义

侨务工作是党和国家的一项长期的重要的工作。我们党和政府历来十分重视侨务工作。我们党的三代领导人都很重视发挥国内归侨侨眷和海外侨胞的作用，重视维护他们在国内的合法权益；保护海外华侨的正当权力和利益，关心和支持他们在当地的长期生存发展。毛泽东主席在1945年中共七大的报告中就明确提出了“保护华侨利益，扶助归国华侨”的护侨原则。粉碎“四人帮”后不久，邓小平同志于1979年即开始落实侨务政策，建立侨务机构的

工作，他于当年9月29日在接见港澳台侨胞时说，“侨务工作过去的政策是毛主席、周总理定的，绝大部分要恢复起来，不完善的要完善，不妥当的要改进。”1982年我国新《宪法》第50条中明确规定“中华人民共和国保护华侨的权力和利益，保护归侨和侨眷的合法权力和利益”，并在第89条明确规定国务院要行使上述两个保护侨胞利益的职权。

侨务工作之所以重要，可以从三方面来探讨。

第一，侨界人士是规模很大的一个群体，应该团结他们，发挥他们的作用。据不完全统计，目前海外华侨华人有3000多万，亦说5000多万，国内还有3000多万的归侨侨眷，这是一个很大的力量。邓小平同志多次指出，我们有几千万爱国同胞在海外，这是我国大发展的独特机遇。江泽民同志也多次谈到，“分布于世界各地的广大华侨华人，是中华民族一个重要的资源宝库，我们一定要十分珍惜。”

第二，侨胞在历史上和现实生活中均起着很大的作用，应该受到重视。在中国人民抗日战争和解放战争过程中，广大华侨华人积极支援抗战、支援解放战争，作出了巨大贡献。新中国成立以后，特别是改革开放以来，广大归侨侨眷活跃在各条战线上，不管是处于顺利环境，还是处于逆境，都能够非常勤奋地完成自己应做的工作，在不同岗位上作出自己的贡献。海外华侨华人也是一样，他们在发展我国对外友好合作关系，促进祖国建设方面作出重大贡献。据有关方面资料，目前我国拥有外资企业35万个左右，其中70%左右为侨资企业。可见海外华侨华人在我国改革开放和现代化建设中所起的重要作用。小平同志曾说过，我们有几千万爱国同胞在海外，他们对祖国作出了很多贡献。江泽民同志称海外华侨华人“是我国同世界各国、各地区进行友好交往与合作交流的重要桥梁，是我们扩大对外开放、推进经济建设的重要有利因素”。

第三，完成新世纪三大任务需要侨胞作出新的贡献。中央提出新世纪中国人民有三大任务：一是继续推进社会主义现代化建设；二是实现祖国完全统一；三是维护世界和平与促进共同发展。这三大任务都与侨务工作有关。海外华侨华人不仅希望祖国繁荣富强，而且在实际行动上为祖国的建设出力，可以说，他们是我国对外开放，开展对外经济、科技、贸易、文化交流合作中的最积极、最热情的一部分。海外华侨华人在为居住国经济社会发展作出巨大贡献的同时，在支持祖国现代化建设的过程中，也为发展中国与他们所在国之间的友好合作关系作出了应有的贡献。今天，在香港、澳门已经顺利回归的形势下，解决台湾问题，实现祖国完全统一已历史地摆在中国人民面前。海外侨胞与台湾同胞有密切的联系，可以做很多工作。

不久前，江泽民同志在全国统战工作会议上强调指出：统一战线作为党的一个重要法宝，绝不能丢掉；作为党的一个政治优势，绝不能削弱；作为党的一项长期方针，绝不能动摇。这就是说，作为统战工作的重要组成部分的侨务工作也必须加强。长期以来，海外侨胞在我国革命和建设过程中作出重要贡献，发挥过重要作用；尤其在促进祖国统一大业的最终完成和实现中华民族伟大复兴的事业中，他们仍将继续发挥自己的独特作用。做好新形势下的侨务工作，对于实现“十五”计划和完成中央提出的新世纪三大任务有着十分重要的意义。我们要坚持贯彻中央领导同志关于侨务工作的重要思想和中央的有关方针政策，不断提高侨务工作的水平。

2.人民政协侨务工作在人民政协工作中的重要地位

人民政协侨务工作是人民政协工作的重要组成部分，在人民政协工作中具有重要地位。这一重要地位是由两方面因素决定的，一是华侨华人在中国革命建设和历史发展过程中发挥了重要作用；二是由人民政协的性质决定的。海外华侨首先响应中共1948年“五一”口号中的号召，关心并积极参与筹备召开新的政治协商会议，积极参与协商有关建立新中国的重大事务，为人民政协的成立和新中国的成立作出了重大贡献。在新中国成立后，特别是在改革开放以来，海外华侨华人发挥着越来越大的作用。他们在发展自己事业的同时，还参与祖国建设，为发展中国和所在国的友好合作，为促进祖国统一大业出力。

人民政协侨务工作的重要性也是人民政协的性质所决定的。人民政协是最广泛的统一战线组织，当然要重视归侨侨眷和华侨华人的作用。据不完全统计，海外华侨华人有3000多万，归国华侨和侨眷也有3000多万，这是一支重要的力量，理所当然地要广泛团结他们，要发挥他们在实现新世纪三大任务中的特殊作用。海外侨胞所处的环境不同，观察分析问题的角度也不一样，所以往往能对我国建设中的一些问题提出独到的建议和意见。广泛听取他们的意见、建议，也正是人民政协发扬民主、协商国是的要求。

由于海外侨胞的重要作用和与政协的特殊关系，所以在人民政协的组成中，不仅有华侨和归国侨胞的界别，而且在政协常委会常设工作机构中也有专门从事侨务工作的机构。政协第一届全国委员会设有华侨事务组，第二届至第六届全国委员会称为华侨组，第七届、第八届称为华侨委员会。1995年3月政协第八届全国委员会常务委员会第十二次会议将华侨委员会和祖国统一联谊委员会合并为台港澳侨联络委员会。1998年3月政协第九届全国委员会常务委员会第一次会议定名为港澳台侨委员会。

政协历届全国委员会负责侨务工作的专门工作机构都始终把团结海外侨胞和国内归侨侨眷，维护他们的合法正当权益，作为自己的主要职责之一。政协第一届全国委员会华侨事务组通过建议案，积极促进了中侨委的成立。中侨委成立后，中侨委领导每半年定期向华侨事务组介绍一次中侨委工作情况，就待制订的侨务政策征求意见。政协对海外华侨表现了极大的关怀，特别是对19世纪五六十年代东南亚一些国家相继出现的排华事件十分关注，并直接参与了每次接待、安置难侨回国的工作。五届政协后，中国实现改革开放政策，政协积极参与了为海外侨胞及归侨侨眷落实政策、平反冤假错案等工作，受到海内外侨界的普遍称赞。同时，政协又恢复和加强了同海外华侨、华人的联系。五届政协以来，每逢国庆，政协都要出面设宴招待回国参加国庆活动的海外侨胞和港澳台同胞。政协通过委员与海外华侨、华人建立了多层次多渠道的联系，在广泛接触的基础上结交了一大批朋友，有力支持了祖国的经济建设和统一大业；同时，通过深入政协的海外联谊工作，扩大了政协在海外的影响，拓展了政协参政议政和建言立论工作的深度和广度。

3.人民政协侨务工作的任务和主要内容

人民政协侨务工作是党和国家侨务工作的一个组成部分。人民政协的侨务工作必须根据《政协章程》的规定，结合人民政协工作的特点，按照党和国家有关方针政策以及法律法规进行。人民政协的侨务工作的主要任务是什么，《政协章程》对此有明确的规定。《政协章程》第15条是这样讲的：中国人民政治协商会议全国委员会和地方委员会宣传和协助贯彻执行国家的侨务政策。加强同海外侨胞的联系和团结，鼓励他们为祖国的建设事业和统一祖国的大业作出贡献。江泽民总书记在庆祝人民政协成立50周年大会上对人民政协提出四点希望，其中之一就是，“希望人民政协广泛团结海内外一切热爱祖国的中华儿女，为实现祖国的完全统一和振兴中华共同奋斗。”“人民政协应充分运用自身的优势，积极促进中华民族的大团结，为早日完成祖国统一，为实现中华民族的伟大复兴，作出更大的贡献。”因此，做好国内归侨侨眷和海外华侨华人的团结联谊工作，是人民政协义不容辞的职责。

具体地说，人民政协侨务工作主要有以下几个方面：

（1）协助全国人大侨委、国务院侨办做好侨务立法、执法以及侨务工作方针政策和有关法律法规的宣传和贯彻工作。如，本着民主协商的态度和高度负责的精神，组织委员就人大华侨委员会向政协征求意见的有关法律草案和代表议案进行讨论，向人大华侨委员会提出意见和建议；配合有关部门调查侨法执行情况，维护归侨、侨眷的合法权益。此外，还与地方政协一起召开华侨工作座谈会和研讨会，请与侨务工作有关的部门参加，共同研究人民政协如何配合政府部门做好侨务工作。平时，组织委员学习了解中央有关侨务工作的方针政策和国家重大决策，邀请有关部门负责人为委员介绍海外华侨华人情况，通过举办各种活动以及接待来访团组和组织出访等，宣传我国侨务工作方针政策和有关法律法规，听取海外侨胞对我国侨务方针政策和法律法规的意见、建议。

（2）组织委员就侨务工作中的新情况和新问题开展专题调研，向中央和有关部门提出意见和建议。开展专题调研是政协专委会工作的一项主要内容。由于政协以参政议政为本职，所以，在广泛、深入的调查研究的基础上，就经济发展、社会进步和精神文明建设中遇到的一些问题，特别是事关国家中远期发展的重大问题以及关系国家方针政策的重大问题，提出思路、设想、办法和建议，提供给决策者参考，是政协在国家政治生活中应发挥的基础性的作用。近年来，我们所作的主要专题调研有：侨资企业的政策与发展问题；华侨捐资办学问题；改革开放以来我国公民移居海外情况；海外留学人员回国创业情况。通过调研，我们对侨务工作中出现的新问题、新情况有了更多的认识，并对此提出了我们的看法和建议，较好地推动有关工作的开展。如，自1999年，全国政协港澳台侨委员会与致公党中央联合组成专题调研组，就海外留学人员回国创业情况在北京、天津、上海、广东、浙江、江苏等地进行了比较深入的调研。为了使调研成果真正受到重视并发挥作用，调研组通过多种方式反映调研成果：一是在政协九届三次会议上委员会主任代表全国政协港澳台侨委员会作了大会发言，就海外留学人员回国创业情况及有关政策问题提了七点建议；二是与致公党中央联合提出给予来华创业的外籍华人永久居留权的大会提案；三是形成调研报告上报中央有关领导和部门，对做好留学人员回国创业工作以及有关吸引海外高层次人才的政策提出和建议。在我们和有关部门的共同呼吁、推动下，人事部和公安部分别印发了《关于鼓励海外高层次留学人才回国工作的意见》和《关于为高科技人才、投资者等外籍人员提供入境、居留便利的通知》。

（3）把握大团结大联合的主题，扩大与加强同海外侨胞的联系和广泛团结，巩固和扩大爱国统一战线。政协归侨界委员在国内有广泛的代表性，在国外有一定的影响力，他们是联系国内归侨侨眷和海外华侨、华人的重要桥梁与纽带；而且，政协在政治上有最大限度的包容性，在争取和团结一切爱国力量和人士方面有很好的优势。多年来，我们利用政协的优势，在团结国内归侨、侨眷，开展海外联谊、做新一代海外移民工作，争取海外“亲台”人士和侨团朝与我友好方向转变、共同推进祖国统一大业方面，都取得了积极的成果。此外，我们通过各种形式，举办各种活动，广交朋友，深交朋友。如，利用元旦、春节、中秋、国庆等主要节日以及一些重大事件和重要人物的纪念日、举办茶话会、联谊和座谈等活动。今年政协将隆重举办纪念辛亥革命90周年活动，大力弘扬孙中山等革命先行者致力于民族振兴和国家统一的精神。

（4）广泛听取海外侨胞对我国各项建设事业和祖国统一大业的意见和建议，为他们提供参政议政的舞台和空间，发挥他们在我国民主政治生活中的作用。华侨作为生活在海外的中国公民，有参与中国政治生活的权利和义务，华人虽然加入了外国籍，但仍心系祖国。从目前我国的政治体制看，海外华侨华人还没有参与我国政治生活的正式渠道，政协理所当然地要承担起这个责任，通过各种形式，听取他们的意见和建议。在这方面，近些年我们做了一些有益的尝试。如，根据政协每次常委会议的中心议题，约请海外专家学者撰写建议性文章，加以综合整理报送政协常委会和中央有关领导参阅，收到了很好的效果。今年“两会”期间，经中央批准，我们第一次邀请了一些海外华侨列席政协九届四次大会，可以说这也是我们这方面工作上的一个突破。

（5）帮助引进海外资金、人才、技术和信息，牵线搭桥，为国家和地方经济建设服务。经济建设是我们党的工作中心，帮助海外侨胞到祖国内地投资、发展事业不仅对他们本人有利，对国家建设也有利。人民政协不是政府经济主管部门，不能同他们直接开展项目合作，但人民政协可以利用自身联系面广的优势，在海外侨胞与政府部门和地方单位之间发挥穿针引线、牵线搭桥的作用，也可以通过组织他们回国参观、考察、访问，增进他们对祖国大陆情况的了解，同时帮助他们寻找合作机会，从而帮助有关部门引进海外资金和人才，为经济建设服务，从而达到深交朋友的目的。近年来，我们非常重视开展海外高层次专业人才和专业团体的工作，多次邀请他们组团回国访问，为他们回国创业或以多种形式为国服务创造条件，提供帮助。比如，我们邀请了由海外专业团体负责人组成的海外青年学者企业家代表团、美国大华府华人专业团体联合会代表团以及风险投资、电子商务、生物医药、环保工程等各种专业人士代表团。目前，他们中很多在国内创办了企业或者有合作项目，在国内经济建设中发挥着积极的作用。

反映侨界社情民意，为海外侨胞和国内归侨侨眷排忧解难，办实事。了解和反映社情民意，是人民政协履行职能的重要基础和关键环节。参加人民政协的各民主党派、各人民团体、各族各界人士，联系各自的群众，代表各自群众的利益，反映各自群众的要求。从这里，能够了解到其他渠道不易掌握的社会信息和情况，听到不易反映出来的呼声和要求，获得难以得到的建议和批评。人民政协通过反映社情民意，可以协助党和政府做好协调关系、化解矛盾、理顺情绪的工作。因此，积极反映侨界的社情民意，反映国内归侨侨眷工作、生活方面的问题、实际困难和要求，反映侨资企业在国内遇到的各种问题，反映海外侨胞对国内工作的意见和建议，力所能及地帮助海外侨胞和国内归侨侨眷解决实际困难和问题，也是人民政协侨务工作的一项重要内容。

三、开展人民政协侨务工作的几点体会

1.围绕中心，服务大局，是开展人民政协侨务工作遵循的重要原则

人民政协侨务工作的内容很多，日常的具体任务也不少。在繁杂工作当中，要紧紧地掌握一条基本原则，就是要围绕中心，服务大局。人民政协的所

有活动必须服从和服务于国家的大局，都要有利于促进改革开放和现代化建设，有利于维护安定团结的政治局面。人民政协的侨务工作也不能例外。经济建设是党和国家的中心任务，政协的侨务工作重点就是围绕经济建设这个中心进行。近年来，我们一方面利用自身联系面广的优势，采取多种形式帮助引进海外人才和资金，为国家和地方经济建设服务；另一方面，我们充分发挥海外高层次人才的智力优势，围绕党和国家的中心工作，组织他们积极建言献策，取得了很好的效果。

2.站准位置，主动配合，是开展人民政协侨务工作的指导思想

人民政协不同于人大，不同于政府部门，也不同于一般的党派和社会团体。侨务工作涉及很多部门和单位，每个单位都有各自的职责。人民政协开展侨务工作要做到“尽职而不越位、帮忙而不添乱、切实而不表面”，就必须要站准位置，下功夫把政协应做的事情干得更好，把与别人共有的事情干得更能体现政协的特点，可以协助其他部门做并有利于做得更好的，就应该积极主动地去配合。

3.选好角度，发挥优势，是人民政协侨务工作发挥自身作用的关键所在

人民政协自身的性质和特点，使得人民政协在开展侨务工作方面有着自身的独特优势和不可替代的作用。这些优势和作用主要体现在：首先，由于人民政协在政治上具有最大限度的包容性，我们可以在“求同存异”的原则下，为实现大团结大联合的最终目标，积极与那些不同政治派别、不同政治立场和不同政治观点的侨界人士建立联系，尤其是可以重点开展海外“亲台”社团和侨领的工作，同他们进行交流，多做释疑解惑的工作，增进了解，扩大共识；其次，由于人民政协在组织上具有最广泛的代表性，我们不仅需要不断发展同侨界人士的联系，而且可以充分发挥人民政协各组成单位的作用，利用他们与海外联系密切的优势，通过多种渠道，广泛开展同海外侨胞的工作；再次，由于人民政协政治地位高，“亦官亦民”，位置超脱，因此，我们同海外侨胞开展团结联谊工作具有较强的灵活性，可以根据不同对象和不同需要举办内容丰富、形式多样的交流活动，尤其是可以重点做好那些党政部门不便于接触的人士和那些与我党政部门接触尚有顾虑的人士的工作，为党政部门的工作创造积极的、有利的条件；最后，由于人民政协港澳台侨工作的整体性，我们可以在

分别做好这四方面工作的基础上，充分利用政协港澳台侨工作的这一整体优势，利用港、澳、台、侨四方面工作之间相互促进、相互补充的关系，利用港澳人士做侨的工作，利用侨做台的工作，发挥海外侨胞“以侨联台”“以侨促统”的作用，共同致力于“反独促统”，推动完成祖国统一大业的工作。

4.牵线搭桥，寓实于虚，是开展人民政协侨务工作的重要方式

人民政协的工作在很大程度上是做团结人、交朋友的工作，这也是人民政协工作的主题之一。要从方针政策和法律法规上给予关心与支持，做好团结联谊工作。要达到广交朋友、深交朋友的目的，要发挥侨胞在实现新世纪三大任务中的更大作用，就必须要多办实事，帮助他们解决实际困难和问题。这是我们多年工作中的体会，也是我们在工作中时常注意的一个问题。在工作中，我们一方面注意做牵线搭桥的工作，为海外侨胞回国发展事业创造条件；另一方面，注意发挥自身的优势，在自己力所能及的范围内通过与有关部门协调，疏通关系，化解矛盾，排解纠纷，帮助他们解决一些实际问题，为他们排忧解难。这样，不仅增强了海外侨胞回祖国投资创业的信心，而且也赢得了他们比较广泛的信任，增强了他们与祖国的凝聚力和向心力。

5.加强协作，依靠联合，是人民政协侨务工作能够取得成就的重要保证

人民政协履行自身职能，涉及方方面面，因此要加强协调，主动争取各方面的支持。近年来，中央“五侨”（全国人大华侨委员会、全国政协港澳台侨委员会、国务院侨办、中国致公党和中国侨联）单位形成“五侨”联席会议制度，不仅推动了整个侨务工作的开展，对各个单位工作的深入开展也起到了十分重要的作用。此外，我们还注意加强同政协一些组成单位、政协其他专委会以及地方政协的联系与合作，都取得了比较明显的效果。

全国政协主席李瑞环去年在接见全国各省（区、市）政协港澳台侨工作经验交流座谈会与会同志时指出，“港澳台侨工作涉及诸多部门和单位，各个方面开展工作一定要体现特点，选好角度，发挥优势，加强相互合作”。这对我们开展工作有着很重要的指导意义。我们全国政协港澳台侨委员会今后决心继续积极参加“五侨”的联合行动，积极主动地加强与有关部门的协作，进一步发挥联合的优势，为共同开创侨务工作新局面而努力奋斗。

（2001年4月3日）

加强政协信息工作的几点意见

今天我们请有关部门的同志一起来开个会，宣布全国政协办公厅信息资料中心成立。

充分反映社情民意，加强信息资料工作是政协工作的一项十分重要的内容。政协八届一次会议以来，李瑞环主席对这项工作非常重视，多次作了重要指示，今年又在若干场合强调要做好信息资料工作和社情民意的反映工作。政协机关党组经过一段时间的酝酿和反复讨论，决定从组织上充实、加强政协的信息资料工作。信息资料中心成立，就是落实李主席指示的一个具体措施。

人民政协的主要职能是政治协商、民主监督、参政议政。三项职能都非常重要，体现了人民政协的性质和特点，是人民政协区别于外国议会和国内其他政治组织的重要标志。充分履行这一职能，是人民政协的主要工作和基本活动，是具有中国特色社会主义民主政治建设的重要内容之一，是经济和社会发展的客观要求。对国家大事，政协可以参政议政，献计献策。经济和社会发展方方面面的工作，政协可以参政议政、献计献策。经济和社会发展方方面面的工作，有党委和政府专门部门去管，政协的力量毕竟有限，工作方式也不同于党政部门。反映社情民意是人民政协组织和政协委员履行政治协商、民主监督、参政议政职能的一个重要方面，是政协工作的一件非常重要的大事。反映社情民意，党委和政府虽各有相应的网络，但在这方面政协也有自己的优势。政协由各个界别组成，联系着方方面面的人士。政协全国委员会就有34个界别，2000多名委员。政协委员大多是各行各业的拔尖人才和代表人物，由于他们位置比较超脱，受具体部门、单位的利益驱动比较少，反映社情民意时顾虑少，约束也少一些，再加上分析事物、看待问题又有各自的独到之处，因此，可以在深层次上广泛、充分、真实地反映各方面的情况。

近几年来，以江泽民同志为核心的党中央多次强调各地方、各部门要加强信息收集整理工作，及时、准确地反映社会各阶层的意见、建议和呼声。就我个人的理解，政协反映社情民意，其实也是政治协商、民主监督、参政议政。通过这项工作把各种意见和建议包括批评意见，也可能带有协商与参政议政性质的建议收集起来进行整理后向中央反映。所以，可以说，反映社情民意是政协履行职能的一种重要形式、手段和方法。把这项工作做好了，真正做到下情上达，有助于高层领导决策的科学化、民主化，有助于及时发现和解决问题，会给我们的事业带来很大的好处。

全国政协办公厅信息资料中心的基本任务有两方面。一是做好反映社情民意的工作，即下情上达，及时、准确地将政协委员的意见、建议反映给中央决策部门，也就是信息工作；二是资料工作，按照李瑞环主席的设想，要尽可能地将与政协有关的和政协活动需要的资料进行收集和整理。比如，主席、副主席参加某个会议要准备讲话，需要什么参考资料就可以在信息资料中心随时查到。比如，中秋节要请民主人士来赏月，信息资料中心提供一些有关赏月的诗词歌赋资料，印发给大家看，既增加了知识，又活跃了气氛。比如，委员参政议政需要了解有关方面的资料、数据等，我们也可以提供出来。当然，上面提到的各方面资料、数据等相当广泛，不可能每一种都由我们自己去收集整理，可以通过与有关单位信息库的计算机联网来解决。要通过联网等办法与中共中央办公厅、国务院办公厅、国家统计局以及中央各部委相关部门等建立信息资料共享关系。总之，要做好这两方面的工作，不是一件简单的事情。这就需要有一个部门，有一批人来专门从事这项工作。所以我们决定成立信息资料中心这样一个专门机构。

全国政协机关机构改革按中央要求去年已经完成。我们不应该也不便于马上再申请增设一个新的机构建制。因此，我们采取把信息资料中心与干部培训中心挂靠在一起，采取“两块牌子、一个机构、两班人马”的做法，不叫合并，而是暂时挂靠。为什么不把它放在研究室或秘书局？主要是考虑现在不能增加行政编制。干部培训中心是事业单位，编制方面可以灵活一些。我们将现有的信息处、信访处、技术处成建制地合到中心来，再新设一个处，这样信息资料中心就由四个处组成，暂定编制21人。把信访处并过来，主要是考虑到现在告状的、要求落实政策的越来越少，反映信息的越来越多。技术处合过来后，要继续承担为机关办公自动化服务的任务。中心根据情况的发展再作调整，现在一边组建一边开展工作。《政协信息》选报工作不能停，其他各处原来承担的任务也不要因机构调整受影响。

现在政协办公厅有一个专门反映政协和政协委员意见的刊物《政协信息》，我们可以先继续沿用。今后如何办，还可研究。有一种意见认为今后刊名仍为《政协信息》，另一种意见希望改称《社情民意》。改的理由是《政协信息》的名称可能使人产生误解，以为是关于政协自身工作方面的信息，但实际上是反映社情民意的。但这个名称已经用了，是否改换名称等将来再说。只要内容好，名称还是次要的，关键是质量。现在新华社、各大报都有内部情况反映，我们不能搞成“第二清样”，一定要有政协的特色。政协反映的社情民意应来自委员，至少在相当一个时期内是这样，不能搞漫天撒网。反映社情民意工作是发挥委员作用，更好履行政协职能的重要途径。要同委员、地方政协建立起联系制度，形成网络，这是信息资料中心应首先考虑的一个问题。我们也可以就党和政府的部署和人民群众普遍关心的问题，有意识地收集信息。

我们现在已经有了信息资料工作的机构，也配备了一批干部专门做这项工作。但是，仅有这么个组织还不等于加强信息工作了，关键要看反映信息的质量。信息质量好，能够起作用，就会受到重视，质量平平，就很难被重视。反映社情民意有几种情况，一种是如实反映情况；另一种是既提出问题又提出解决问题的建议。我们对各种类型的情况都要反映。总之，信息工作一是讲究“高”，质量一定要高；再一个就是要“快”，讲究时效性，反映及时，效果才能大，“马后炮”错过了为决策提供参考的时机，再好的信息也发挥不了应有的作用，甚至会造成不应有的损失。资料收集的工作也要逐步展开，这有一个逐步积累的过程。要“两条腿走路”，一方面自己收集，另一方面与有关部门建立联系，搞资料共享。

为了做好社情民意的反映工作，达到“质量高、反应快”的要求，仅仅建立一个机构并不等于问题已全部解决。更重要的是信息中心的同志以及整个机关的同志都要充分认识做好反映社情民意工作的重要意义，不断增强信息意识，努力提高自己的工作水平。因此，大家都要认真学习李主席有关做好社情民意反映工作的指示，统一思想，提高认识，共同行动，大家都来关心与支持做好反映社情民意的工作，这样，才有可能把这项工作做好。

（1995年4月27日）

切实加强机关思想政治工作

全国政协机关思想政治工作座谈会今天就要结束了。在与会同志和全体工作人员的共同努力下，会议开得很好，很有成效。会议开始时，朱作霖副秘书长代表机关党组作了一个很好的报告，我完全赞同。中直工委李登柱副书记还出席了会议，并对政协机关思想政治工作提出了希望和要求。通过大会发言和小组讨论，交流了思想政治工作的经验和体会。会议还就《关于加强和改进全国政协机关思想政治工作的意见》和《关于开展创建文明机关活动的决定》进行了讨论，提出了不少修改意见和建议，这些经验和意见很好，对文件修改和今后工作都有很大帮助。我相信，这次会议对今后机关工作一定能起到积极的促进作用。

下面，我想就几个问题讲点意见。

一、加强思想政治工作是当前形势的迫切需要

思想政治工作是做人的工作，做好人的思想工作。人们在思什么、想什么，除与人们自身的状况和所处的环境有关外，还与人们对所面临形势的认识有很大关系。因此，在研究机关思想政治工作时，就必须弄清当前我们所面临的形势，弄清形势向我们提出了什么要求。机关党组认为，当前我们面临的是一个好的形势，这个形势既对政协事业的发展提供了一个极为有利的机遇，同时也迫切要求我们机关进一步加强思想政治工作。

首先，加强思想政治工作是政协工作进一步发展的需要。八届一次会议以来，在以江泽民同志为核心的党中央的领导和李瑞环主席的主持下，人民政

协事业在继承历史、发扬传统的基础上取得了重要的进展，出现了新的气象、新的局面。我们修改了《政协章程》、制定了《规定》，中共中央下发了13号通知，政协的职能和作用得到更好的发展，中国共产党领导的多党合作和政治协商制度进一步完善；几年来，政协围绕中心，服务大局，在农业、教育、制定“九五”计划和2010年远景目标纲要、加强精神文明建设等许多方面建言献策，发挥了重要作用；工作规范化、制度化建设大大向前推进；全国政协机关的思想作风、工作制度、办公条件和工作环境等都发生了可喜的变化。对此，中央和社会各界给予充分肯定和高度评价。但是，按《政协章程》《规定》和中央通知的要求，我们在履行职能方面还存在一定差距，机关建设有不少方面需要加强，机关职工的整体素质、服务水平、参谋水平与政协工作面临的新形势还不相适应。在这样的形势下，面对中央及社会各界对政协的更高期望，面对政协领导和广大委员对机关工作的更高要求，如何进一步加强机关思想政治工作，动员广大干部职工把机关工作做得更好就十分重要。

第二，加强思想政治工作是实现宏伟目标的需要。不久前八届人大四次会议审议通过了“九五”计划和2010年远景目标纲要。我们正处在世纪之交的重要历史关头，实现跨世纪的目标纲要，对于实现第三步战略目标，争取在下世纪中叶基本实现现代化具有重大而深远的意义。尽管我国在目前的经济和社会生活中还存在不少困难和问题，有的还比较突出。如，农业基础薄弱；部分国有企业的生产经营比较困难；一些地方社会治安和社会风气不好；腐败现象蔓延滋长；东西部地区发展差距扩大和部分社会成员收入悬殊；社会主义精神文明和民主法制建设也面临不少新问题等等。但是，我们完成“九五”计划和2010年目标纲要有很多有利条件。从国内条件来看，经过新中国成立以来40多年的建设，特别是党的十一届三中全会以来17年的发展，我国的改革开放和社会主义现代化建设取得了伟大的历史性成就。这17年中，我们圆满完成了3个五年计划，提前5年实现翻两番的目标，国家经济实力显著增强，人民生活明显改善，对外开放新格局基本形成，社会主义精神文明建设和民主法制建设都有较大发展，社会主义市场经济体制正在逐步建立，这一切都为今后进一步发展打下了一个坚实的基础。尤其是形成了邓小平建设中国特色社会主义理论和党的基本路线、方针政策，成功地走出了一条有中国特色的社会主义现代化建设的正确道路，又有以江泽民同志为核心的党中央的正确领导，这些都是我们夺取新的胜利的有利条件和可靠保证。我们就是要通过进一步加强思想政治工作，使每一个干部职工都能充分认识到完成今后15年宏伟目标的重大意义，从而更加奋发努力地工作；使每一个干部职工都能正确认识当前国家在前进过程中存在的困难和问题，看到完成纲要的有利条件，从而坚定我们克服困难的决心和夺取胜利的信心。

第三，加强思想政治工作是国际斗争的需要。冷战结束后，国际形势总的走向缓和，世界由两极抗衡向多极化方向发展，和平与发展仍是当今世界的主流。世界各国间经济相互依存关系进一步加深。世界范围内的科技发展和产业结构调整，带来较大规模的资金、技术转移。世界各国都看好中国这个市场。这些对我们发展经济、扩大对外开放，都提供了有利的国际条件和发展机遇。我国同周边国家的关系不断改善，特别是刚刚和俄罗斯、哈萨克斯坦、塔吉克斯坦、吉尔吉斯斯坦签订了五国《关于在边境地区加强军事领域信任的协定》，进一步改善了有利于我国集中精力从事现代化建设的国际环境。从总的趋势上看，世界大国间竞争共处的态势在增长，相互牵制与制约的因素在增加，可利用的矛盾在增多，我们在国际活动中周旋的余地有所扩大。但同时，我们还面临着严峻挑战。在政治上，以美国为首的西方国家继续推行霸权主义和强权政治，采取遏制加接触的两手战略，一直没有停止对我国进行“西化”和“分化”的政治图谋，从未中断对我国进行分裂活动，在人权问题、台湾问题、西藏问题、贸易和知识产权等问题上不断对我施压，妄图以压促变。在经济上，我国的国民经济整体素质等都远远低于发达国家，在日益激烈的综合国力较量中，面临着发达国家在经济科技上占优势的压力。总之，面对复杂变动中的国际社会形势，我们要进一步加强思想政治工作，使我们每一个干部职工都能保持清醒的头脑，不迷失方向，全面深刻地了解我们是在什么样的国际环境中进行改革开放和现代化建设的，懂得更好地抓住机遇，加快发展，迎接挑战，更加坚定地沿着有中国特色的社会主义道路继续前进。

第四，加强思想政治工作是改善机关干部职工队伍现状的需要。机关的思想政治工作与整个形势是分不开的，无论国际国内形势的变化，还是改革开放和市场经济的发展，都直接关系到干部职工的物质利益、精神生活，都会对干部职工的思想产生一定的影响和冲击。我们机关干部职工队伍的总体状况是好的，作霖同志在报告中作了充分肯定，各单位交流的经验也证明了这一点，我都完全同意。特别是在住房、收入等方面还存在一些问题的情况下，大家都正确处理好个人利益与国家利益、集体利益的关系，在本职岗位上为人民政协事业的发展默默奉献，值得进一步提倡和发扬。但是，也不能忽视我们干部职工队伍中存在的这样那样的问题，特别是当前政协事业发展对我们提出了新要求、新课题，干部职工队伍的思想、文化、业务素质与新的形势，与政协领导的希望和要求还不相适应，需要我们进一步加强思想政治工作，提高队伍的整体素质，在新的形势下迎接挑战，继续开拓前进。

总之，机关的思想政治工作离不开政协工作的总形势，离不开国际国内的大环境和大背景。只有从总体上认清政协机关面临的形势，才能正确把握思想政治工作的方向和目标，才能使我们在党中央的正确领导下取得新的更大的成绩。

二、讲政治是机关思想政治工作的重要任务

最近，江泽民总书记提出要讲学习、讲政治、讲正气，并反复强调各级干部特别是高级领导干部一定要讲政治。为了贯彻落实江总书记这一重要指示，我们机关思想政治工作的一项重要任务就是要在干部中特别是各级领导干部中强调讲政治。当前，之所以要特别强调讲政治，据我个人理解，第一，讲政治是马列主义、毛泽东思想的基本观点和基本要求，也是邓小平建设中国特色社会主义理论的基本内容之一。毛泽东同志有一句名言，“政治工作是一切经济工作的生命线”。小平同志一贯强调要两手抓，强调什么时候都要讲政治。1986年他在天津视察时指出，“改革、现代化科学技术，加上我们讲政治，威力就大多了。到什么时候都得讲政治。”江泽民总书记强调，“我们搞现代化建设中心任务是发展经济，但必须有政治保证，不讲政治、不讲政治纪律不行。”

第二，国际斗争形势要求我们讲政治。苏联解体、东欧剧变之后，国际社会主义运动处于低潮，西方敌对势力集中主要力量要“西化”“分化”我们，要把他们那套“民主”“自由”强加给我们。针对这样的形势，江泽民总书记曾尖锐地指出：“我们不讲政治行吗？不警惕、不斗争行吗？”因此，我们要

搞经济建设，要实行改革开放，就必须坚定社会主义信念，站稳社会主义的政治立场，时刻保持政治敏锐性，努力提高政治鉴别力，顶住西方敌对势力的压力，粉碎他们利用我改革开放的时机加紧对我国进行“西化”“分化”的图谋，有力打击国内外敌对势力的破坏活动和各种形式的犯罪活动。

第三，社会主义现代化建设需要我们讲政治。特别是刚刚结束的“两会”审议和通过了迈向21世纪的宏伟纲领，党中央在这样的形势下强调讲政治，就是为了发挥政治优势，广泛动员和团结全国各族人民，为实现跨世纪的宏伟目标而共同奋斗。

第四，现实生活需要讲政治。实现两个根本转变要求讲政治、顾大局；反腐倡廉要求讲政治；李登辉搞“台独”，我们不讲政治不行，不斗争、不警惕不行。

所以，强调讲政治，是为了使各级领导干部在日益繁重的经济建设任务和复杂的国际斗争中坚持正确的政治方向，增强总揽全局和驾驭复杂局势的能力，提高领导经济建设和现代化建设的水平，保证把党的基本理论、基本路线、基本方针和政策贯彻到各项工作中去；是为了防止和排除各种错误思想、错误倾向的干扰，抵制拜金主义、享乐主义、极端个人主义等剥削阶级腐朽思想的侵蚀和影响；是为了保持党同人民群众的血肉联系，保证我们党永不变色，保证国家长治久安，更好地建设有中国特色的社会主义。

从政协机关来看，讲政治最基本的要求有以下几条：

一要努力学习。主要是学理论、学知识、学科技。当前，特别是要学习邓小平建设中国特色社会主义理论，只有掌握这一当代中国的马克思主义，才能坚持党的基本路线不动摇，才能坚持正确的政治方向，才能提高政治鉴别力与政治敏锐性，从思想认识上分清马克思主义同反马克思主义的界限，辩证唯物主义同唯心主义、形而上学的界限，社会主义民主与西方议会民主的界限，社会主义思想同封建主义、资本主义腐朽思想的界限，等等。

二要严格遵守党的政治纪律。坚决维护以江泽民同志为核心的党中央权威，拥护党中央对政协工作的领导，严格遵守党的政治纪律，与党中央保持高度一致，一切工作都要按中共中央的指示去做，一切活动的开展都要有利于加强中国共产党的领导。政协机关日常工作要加强与中办、国办、人大办和军委办的联系，主动争取支持与帮助。

三要坚持中国共产党领导的多党合作和政治协商制度。这是在政协活动中坚持社会主义方向的体现。要严格按照《政协章程》《规定》、中共中央通知精神办事，走有中国特色的社会主义民主政治建设之路。李主席提出的“尽职而不越位、帮忙而不添乱、切实而不表面”的指示，也是对我们工作的政治要求。我们要按照李主席的指示，使政协机关的一切工作和活动都服从于党的基本路线和全党全国工作大局，围绕经济建设这个中心，履行职能，发挥作用，搞好建言献策。

四要牢记党的全心全意为人民服务的宗旨。机关所有工作人员都要勤奋工作，团结奋斗，努力做好为政协委员、为政协领导及各种会议和活动服务的工作；做好为全国政协履行职能服务的工作；做好为机关自身服务的各项工作。

五要认真贯彻严格执行民主集中制原则。涉及全局的重大问题及时向主席、副主席请示汇报。对于中央指示和政协领导指示要认真贯彻执行。机关内部事务要充分发扬民主，善于集思广益；讨论问题既要允许与鼓励不同意见的发表，又要提倡尊重多数人的意见，对于按民主集中制原则作出的决定更应服从和认真执行。

六要加强干部队伍建设，培养和造就一支适应社会主义现代化建设的德才兼备的政协干部队伍。各级干部都要加强自我修养，不断提高自身素质，努力解决好世界观、人生观问题，以四化大业和政协工作为重，把国家利益和集体利益放在个人利益之上。所有干部都要廉洁自律，领导干部更要按江泽民总书记所要求的那样，自重、自省、自警、自励，在各方面以身作则。

三、机关思想政治工作要为当好参谋、搞好服务提供保证

搞好机关自身建设，提高机关工作水平，对政协事业的发展意义重大。李瑞环主席对机关建设极为重视，先后作过一系列重要指示。他在政协各种会议上，在听取我们汇报工作时，都作了许多重要讲话和指示。比如，关于机关要从思想、组织、作风、制度方面进行建设的要求；关于要增强服务观念、提高政治责任心、加强工作纪律的要求；关于要提高服务水平，必须加强学习，研究问题的要求；关于应该做团结合作的模范，树立团结合作的一面旗帜的要

求；关于所有工作人员要认清形势，振奋精神，开拓进取，努力工作，出色完成各项任务的要求；关于工作要讲质量、讲效率、讲规范、讲协作的要求；关于要加强现代化建设和工作环境建设的要求，等等，都是专门对机关建设讲的。李主席的讲话精神，既是我们搞好机关建设的重要指导思想，也是我们搞好机关思想政治工作的指导思想，要在机关建设的各个方面认真贯彻。关于加强和改进机关思想政治工作，作霖同志在报告中已经提出了具体意见，我都赞同，这里我再强调三点。

第一，机关思想政治工作要紧密联系机关的职能和任务来进行。

政协机关的主要任务是搞好服务当好参谋，这是由我们机关工作的性质、对象和内容决定的，机关党组和大家都赞成这一提法。多年来，机关工作也是这样开展的。应当说我们在搞好服务、当好参谋方面取得了不小成绩，而且每年都有提高，都有进步。李主席、各位副主席和政协委员都给予充分肯定。服务是机关工作的立身之本，是机关工作的基本职能。但也不能满足于只做好具体事务，还要充分发挥机关当好参谋方面的职能。比如，为常委会议选择议题出主意，供主席作参考；为搞好专委会调研、搞好委员视察和提案工作提出建议、参加实施、起草报告；为政协领导日常活动主动提建议，协助领导处理日常重要事务。机关的各部门也要为机关领导在这些方面当好参谋，出好主意。实践证明，政协机关作用发挥得好不好，工作质量高不高，主要是看搞服务、当参谋的工作做得如何，这不仅是衡量机关工作好坏的重要标志，还将直接关系到政协事业的发展。机关思想政治工作就是要紧密联系机关的这些基本职能来进行，主要任务就是努力提高干部职工队伍的整体素质，充分发挥广大干部职工的积极性与创造性，把服务与参谋工作提到一个新的水平，更好地促进和保证机关各项工作的圆满完成。

第二，全面提高干部职工素质，适应政协事业不断发展的要求。

当前制约机关工作的主要矛盾是什么？几次中心组的学习和这次会议讨论中，大家一致认为，不是人手够不够的问题，不是条件差不差的问题，而主要是机关工作人员的思想文化业务素质与日益发展的政协事业不相适应的问题。这是当前机关建设的主要矛盾。在我们机关，有一大批同志来这里工作多年，这些同志经验丰富，业务熟悉，这是优势，但也需要在新形势下更新观念、补充知识、开拓进取。有相当一部分同志是近两年调进机关的，据统计，1992年以来调入机关的有270人，占机关人员总数的34%，还有200多个合同工。这些同志带来了各个单位的好经验、好作风，肯钻研，好学习，但也有对政协工作的理论、知识和业务不够熟悉的问题。还有许多同志是从部队来的，他们在人民解放军这所大学校中受到了良好的素质训练，但也需要在新的岗位上继续锻炼提高。这些年，我们机关来了不少大学生、研究生，他们专业文化知识丰富，观念新，进取精神强，但也需要在实际锻炼中尽快在业务上、政治上成熟起来。最近李瑞环主席在专门讲到机关加强现代化建设问题时指出：机关不能使“洋学生”都变成“土八路”，新时期应该学新东西，要革命化加现代化。年轻人应充分发挥他们的优势，不能把我们遗憾的事情变为他们效仿的东西。这段意义深刻的话，充满了对我们机关特别是对年轻人的深切关怀和期望。总之，我们从五湖四海走到一起来，致力于共同的事业，这是一个缘分。我们每一个工作人员，都要找准自身的不足，努力学习，相互帮助，取长补短，共同提高。我们常说政协名人多，层次高，参政议政的议题重大，范围涉及各个领域。我们的服务对象有的是中央或地方的各级领导同志，有的是各民主党派和团体以及各族各界的代表人士、专家学者。在这样一个层次上当参谋搞服务，没有一支高水平的干部职工队伍是难以胜任的。因此，机关党组、机关党委、各级领导干部，都要把提高干部职工队伍的素质提到机关建设的突出位置上来。

提高干部职工队伍的素质，要实行组织培养和个人学习相结合。要尊重知识，尊重人才，形成求知上进的好风气，要为各种培训、学习、锻炼提供良好的条件，支持各种人员在岗成才。这里我特别强调要加强个人自身修养。只有个人修身成才自立，才能成家立业，报效祖国。只有先做好人，才能做好事、当好干部。希望各单位和广大干部职工，从自己的实际出发，把思想政治方面和业务知识方面的学习培训有计划有系统地开展起来，争取在两三年内有明显进步。我想，根据政协机关的特点，能不能对政协机关干部的素质建设提出这样的要求，即通过努力学习锻炼达到：一是政治上懂得邓小平建设中国特色社会主义理论的基本立场、基本观点、基本内容和党的路线方针政策的主要精神，了解国际国内的基本形势和时代发展趋势；二是思想上有较强的民主法制纪律观念、团结协作的精神和高尚文明的品行风尚；三是文化基础差的同志能通过学习达到大专以上水平，大多数同志能掌握现代化办公设备的基本技能；四是所有干部业务上均应熟知人民政协的章程、规定和基本知识，具有本职岗位上娴熟的知识技能，独立处理、高效完成本职工作的能力。机关职工也要努力成为遵章守纪、作风端正、业务过硬的内行能手。

第三，在政协机关要提倡几种精神。

毛主席讲过，人总是要有一点精神的。凡是卓有成就的集体和个人，总是在创业奋斗中形成一种特有的精神，一种动员、感召、凝聚大家的精神支柱，一种团结战斗的共鸣点。不久前，江泽民总书记提出了“解放思想、实事求是，积极探索、勇于创新，艰苦奋斗、知难而进，学习外国、自强不息，谦虚谨慎、不骄不躁，同心同德、顾全大局，勤俭节约、清正廉洁，励精图治、无私奉献”的新时期创业精神。机关党组在学习贯彻江总书记提出的这“六十四字”精神中，结合政协机关的特点和实际，经过反复研究，认为还应当在机关全体工作人员中提倡和弘扬一种精神。我们政协机关是人民政协履行政治协商、民主监督和参政议政职能的参谋和服务机构，是在干着一项特殊而又重要的事业，需要有一种致力于政协事业的特殊精神。这种精神不是凭空想象，而是要从我们长期形成的优良传统作风和实践中总结升华。这种精神要符合时代发展、事业进步的要求，体现章程规定和中央领导对机关建设的一贯要求。这种精神要广泛征求大家的意见，准确地概括表述，为群众接受、拥护并在实践中不断充实发展。正是基于这样的考虑，作霖同志在会议开始的报告中代表机关党组提出了五种精神，即：敬业精神、服务精神、协作精神、务实精神、创新精神，我这里再展开讲一讲。

一是敬业精神。要热爱政协事业、忠于政协事业，树立在政协工作岗位上献身四化、报效祖国的理想；要干好本职工作，勤勤恳恳完成每项任务，踏踏实实创造工作业绩；要服从组织安排，识大体，顾大局，增强组织观念，严守工作纪律。

二是服务精神。政协机关是参谋服务机关，高效服务是根本。要讲奉献，淡泊名利，勤奋工作；要讲质量，安排活动要精心周密，处理事务要严谨细致，为委员服务要热情周到，起草公文要有高层机关的水平；要讲效率，完成任务要雷厉风行，准确无误，不能拖拉松垮，消极懈怠。

三是协作精神。民主协商团结合作是政协履行职能、发挥作用的主要形式和特点，也是政协工作的优良传统。发扬协商合作的协作精神对政协工作人员来说就非常重要。对外要主动协商合作，把事情办好；对内要彼此相互协调，团结奋斗。在为委员服务的过程中，既要满腔热情地提出我们的建议，又要认真负责地听取与尊重委员们的意见；若有不同意见，要进行充分协商，搞好协调工作。政协是大机关、老机关，要把搞好团结放在重要位置。先来机关的同志要帮助后来的同志熟悉情况；后来的同志要向先来的同志虚心学习，取长补短。遇到共同的任务大家齐心合力；不同的职能大家分工协作。遇到困难大家帮助分担；出现分歧彼此沟通谅解。在领导工作中坚持民主集中制原则，完善党内民主生活。个人在日常工作中，既要富于独立思考，敢于负责，又要善于征求与听取他人意见，集思广益，减少失误。总之，要在机关形成一种既有民主、又有集中、思想活跃、心情舒畅、朝气蓬勃、雷厉风行的气氛与环境。

四是务实精神。机关的一切工作要坚持实事求是，崇尚实干兴邦，反对形式主义和文牍主义。搞调查研究要深入实际；当参谋提建议要注重质量；办事情抓工作要讲求实效；反映社情民意要准确真实。全机关要提倡说实话、想实招、办实事、求实效，不能议而不行，行而无果，力戒空谈误事。

五是创新精神。既是尊重历史、发扬传统，又要了解新情况、研究新问题、树立新观念、开创新局面。要有使命感和紧迫感，要勤奋学习，追求知识，探索真理，不满足于已有的知识和经验。要解放思想，从变化了的实际出发，从工作要更上一层楼的要求出发，积极研究与解决实践中遇到的还没有答案的许许多多的新问题。只要有利于坚持与完善共产党领导的多党合作和政治协商制度，只要有利于推进政协履行职能，只要有利于搞好服务、当好参谋，就要主动、自觉、创造性地开展工作，努力开创政协机关工作的新局面。

以上五种精神当然不能包括对政协机关工作人员的全部要求，但不具备这几种精神，就不能算是合格的政协工作人员。今后我们要在机关弘扬这五种精神，使之深入人心，发扬光大。

四、关于当前机关工作

今年是实现“九五”计划的开局之年。在过去的几个月中，机关上下齐心协力，为成功地筹备和开好政协八届四次会议作出了贡献，得到了李主席和委员们的肯定，开了好头，起了好步。关于今年的政协工作，李瑞环主席在闭幕会上的讲话和叶选平副主席代表常委会所作的工作报告中提出了具体要求；政协全国委员会的工作要点中讲了9项28条。根据上述要求，政协办公厅对全年机关工作从6个方面提出了32条要求，并明确了相应的负责落实单位。要完成今年的工作，任务还很繁重，希望大家再接再厉，按照已有的部署全面贯彻落实，这里我就其中的几项重点工作强调一下：

第一，抓好学习。这对于出色地完成机关工作任务，创建文明机关活动，提高干部职工队伍素质都有重要意义。江泽民总书记最近几年一直强调各级干部要加强学习。为此，机关党组和机关党委对今年的学习都作了部署和安排，我在前面已经讲了不少，这里就不重复了。大家一定要把学习邓小平建设中国特色社会主义理论深入持久地坚持下去，并把学习理论和学习《党章》、学习《政协章程》结合起来，同学习老一辈领导人和以江泽民同志为核心的党中央关于人民政协的论述结合起来，同学习“两会”文件结合起来，同学习文化科学知识结合起来。

第二，精心筹备和组织好几年内几项有重大社会政治影响的会议和活动，把政协履行职能的工作向前推进一步。根据江泽民、李鹏和李瑞环同志的指示精神，今年将举行三次由政协邀请党中央和国务院及有关部门领导同志参加的专题协商座谈会。第一次将在5月中旬就社会治安问题进行协商座谈。这是近年来第一次在政协举办这样高层次的协商座谈会，体现了政协参政议政的进一步深入，一定要组织安排好。今年还有三次常委会会议，前两次的议题已经明确，分别为政协履行职能和学习贯彻将要召开的党的十四届六中全会的精神，这都很重要。同时，还要认真准备好李主席下半年的出访工作，筹备和组织“展望21世纪论坛”首次年会，以及纪念孙中山先生诞辰130周年、西安事变60周年等大型活动。这些会议和活动层次高，影响广泛，意义重大。政协机关各单位一定要以高度的政治责任感和严谨细致的作风，努力工作，圆满完成。

第三，积极开展创建文明机关活动。机关党组决定开展创建文明机关活动，目的是要在机关进一步形成一种委员满意、领导肯定、社会认同、大家高兴的团结奋斗、文明健康、积极向上的良好风气。这是机关党组为推进机关精神文明建设采取的一项重要措施。现在机关党组关于创建文明机关的决定稿已多次征求意见，要在综合吸收这次会上大家意见之后再正式印发。这个文件和作霖同志的报告，提出了创建文明机关的目标任务和基本要求，包括创建文明机关的条件、内容、组织保障等。应该说，经过努力，是不难达到的。但是，要普遍达到这些要求，并持之以恒，还要做大量艰苦细致的工作。既然大家都赞成作这样的决定，都赞成开展建设文明机关的活动，那么机关党委和各单位就要结合自身情况制订具体办法，加以贯彻实施，应该全体动员，大家共同努力把这项活动开展起来，为把政协机关建设成文明机关而努力。

建设文明机关也好，做思想政治工作也好，领导干部是关键。做思想政治工作和建设文明机关都不只是机关党组织的事，不能看成是机关党委的事情。思想政治工作是大事，要作为各级行政领导的重要职责，列入工作计划，亲自抓，做到思想上有位置，时间上有安排，行动上有督促，效果上有检查。一个合格的行政领导，应当既能抓好业务工作，又善于做人的思想工作。领导干部放弃这方面的职责，也是一种失职。一定要敢于抓，不要回避矛盾和问题，不要怕得罪人；一定要善于抓，注意方式方法的研究和改进；一定要树立群众观点，坚持群众路线，善于运用群众工作方法，认真关心干部职工的切身利益，并把解决思想问题和解决实际问题结合起来。同志们工作都很忙，这是事实。但是不能只抓业务，不抓思想政治工作，不抓党的建设工作。所以工作上要合理分工，充分发挥班子成员、下级和每一个职工的作用，充分调动各方的积极性。

机关机构改革以来，新老领导干部交替幅度较大，特别是局一级干部。总的看，近两年走上局级、处级领导岗位的这批干部，年轻化、知识化程度较高，有群众基础，开拓创新、锐意进取精神强，工作很有成绩，但也暴露出经验不足、情况不熟等弱点。面对新的形势，各级领导干部肩上的担子更重，责任更大，要求更高。因此，领导干部要严于律已，以身作则，凡要求别人做到的，自己首先做到；禁止别人做的，自己坚决不做。有些即使一般群众可做的，领导干部也不允许去做。要模范遵守党内各项规定，健全党内组织生活，认真开展批评与自我批评，自觉接受党组织和群众的监督，在各方面起好模范带头作用。

同志们，今后的15年，是我国社会主义现代化建设承前启后、继往开来的重要时期，我们前程似锦，任重道远。让我们在建设中国特色社会主义的伟大旗帜指引下，紧密团结在以江泽民同志为核心的党中央周围，振奋精神，努力工作，开创政协机关思想政治建设的新局面，为政协事业上新台阶作出新的更大的贡献！

（1996年5月3日）

为建设高素质政协机关干部队伍而奋斗

江泽民总书记在纪念中国共产党成立75周年座谈会上作了《努力建设高素质的干部队伍》的重要讲话。这是江泽民同志继《关于讲政治》的讲话之后又一次关于党的建设具有决定性意义的讲话。讲政治要求建设高素质的干部队伍，高素质的干部队伍理所当然也应该是讲政治的队伍。这两篇重要讲话都是一个目的，就是要加强干部队伍建设，加强党的建设。今天，利用这个机会，我就学习江泽民总书记《努力建设高素质的干部队伍》的讲话谈点初步体会和认识。

分四个问题讲：一、讲话发表的时代背景；二、讲话的主要内容；三、讲话的特点与重大意义；四、贯彻讲话的几点意见。

一、讲话发表的时代背景

讲话是在一个什么样的时代背景下发表的呢？弄清这个问题，有助于我们对于这篇讲话的重大意义的理解。所以，我们先来讨论一下这个问题。

通过初步学习，我们觉得讲话是在一个极为重要的关键时期发表的。为什么说现在是一个关键时期呢？我们可以从以下这样七个方面来看。

第一，从所处的时代看。我们现在正处于世纪之交，即由20世纪向21世纪过渡的最后的5年。对于中国来说，中国将以什么样的面貌进入21世纪，这是一个非常关键的时刻。今后几年工作的好坏，对于中国未来的状况关系极大。所以说是一个关键时期。

第二，从实现“三步走”战略目标看。根据小平同志的思想，党的十三大明确提出了经济建设分三步走的战略部署。“三步走”目标的第一步已经实现，第二步原定国民生产总值再翻一番的目标也已提前实现。不过八届人大四次会议通过了“九五”计划和2010年远景目标纲要，对我们提出了更高的要求。要求我们在本世纪末在人口达到13亿的情况下，实现人均国民生产总值比1980年翻两番，基本消灭贫困，达到小康水平；2010年在14亿人口的情况下，实现国民生产总值比2000年再翻一番，人民小康生活更加富裕。要求在今后15年内实现这样一个宏伟目标本身是很艰巨的，而这个跨世纪的工程能否胜利完成，对实现第三步战略目标关系极大。纲要目标如能顺利实现，则可为实现第三步战略目标打下一个扎实的继续前进的基础，就有可能在下世纪中叶把我国建设成为社会主义现代化强国。如果跨世纪工程实施不好，则对实现第三步战略目标带来很大的困难。所以说，今后15年特别是“九五”时期是一个非常关键的时期。

第三，从建立社会主义市场经济体制来看。党的十四大提出了在本世纪内初步建立起社会主义市场经济体制。党的十四届五中全会提出两个根本性转变，八届人大四次会议要求在2010年建立起比较完善的社会主义市场经济体制。这是一项前无古人的事业，是一项艰巨的伟大工程，也是一项非常紧迫的任务。应该说，我们的经济体制改革不仅取得了很大的进展，而且有力地推动了经济的发展。但是，实事求是地说，我们在前进道路上，在改革与发展过程中，也遇到不少困难和问题。比如，农业基础还很薄弱，国有大中型企业困难很多，东西部地区发展差距进一步拉大，社会分配不公，腐败现象严重，社会治安不好等等。这些问题有些是我们工作中的问题，有些是转轨时期的问题。在此情况下，我们在今后一个时期内能否成功地解决这些困难和问题，把我们的改革继续推向前进，对于实现两个转变，建立比较完善的社会主义市场经济体制关系极大。

第四，从成功地参与国际竞争来看。冷战结束之后，两极对抗不再存在了，世界向多极化方向发展，但经济一体化趋势在增强，科技进步日新月异。尽管世界并不太平，但和平与发展仍是当今世界的主题。世界各国之间科技和综合国力竞争相当激烈。发展中国家都在发展，有些国家发展得很快，如东南亚一些国家。发达国家在今后一个时期还会有相当的发展。如果我们科技上不去，综合国力上不去，不能在竞争中赢得胜利，那么我们在下个世纪就很难能够尽快地缩小我们与发达国家的差距和赶上现代化国家，跻身于世界强国之林。这是从国际间竞争角度来说，也是一个关键时期。

第五，从粉碎“西化”“分化”的图谋来看。西方世界对我们进行“西化”“分化”的图谋一天也没有停止，这一点同志们都知道得很多了。西方敌对势力总是想“西化”“分化”我们。美国不停地在搞名堂，大家很清楚。最近发生的一连串事件非常清楚地说明了这一问题的尖锐性、复杂性和长期性。德国和我们过去关系不错，高层领导人经常互访。可是德国议会通过西藏问题的决议，公然干涉中国的内政，而且议会的行为受到了政府的支持。法国也想搞类似的活动。西方这些国家总是不愿意看到中国强大，但还想与中国做生意，不愿意丢掉中国这个大市场。所以采取了遏制加接触的两手政策。再加上境外分裂主义势力活动也很猖獗，给我们增加了不少麻烦。还有一个重要情况，就是苏联解体、东欧剧变之后，社会主义力量受到削弱，国际共产主义运动处于低潮，在这种形势下，我们如何以两手对付两手，顶住西方“分化”“西化”的压力，把我们的社会主义现代化事业继续推向前进。今后一个时期，的确也很关键。只要我们能够顶住西方世界的压力，经济得到发展，综合国力得到增强，就有可能实现我们的目标，就能够为21世纪世界和平与发展作出贡献。

第六，从实现祖国统一大业的目标来看。实现祖国统一大业是中华儿女追求的共同目标。香港回归在即，已进入倒计时阶段。澳门也将于1999年回到祖国怀抱。实现香港顺利回归和稳定繁荣，对于澳门顺利回归与稳定有很大关系。如果“一国两制”在香港与澳门取得成功，并能保持香港、澳门的稳定与繁荣，对于台湾海峡两岸统一大业进程必将带来积极影响。所以说，我们现在所处的时期，对于实现祖国统一大业确定是一个关键时期。

第七，从干部队伍年龄结构来看。从干部队伍新老合作交替来看，80年代初，在小平同志倡导和带动下，开始废除实际存在的干部职务终身制，而代之以干部的新老合作与交替。这一重大举措对于改革开放和长治久安起了重大的不可估量的作用。在经历10多年以后的今天，干部队伍结构特别是各级领导班子的年龄结构发生了很大的变化。新中国成立前的干部基本已经离休，新中国成立初参加工作的干部也大都或即将离开现职岗位，进入退休阶段。所以当前和今后一个时期，干部队伍新老合作和交替的任务十分繁重。现在三四十岁年龄的干部在进入21世纪后都要肩负实现跨世纪宏伟目标的重任。他们有很多优点，但也有明显弱点和不足，如何使他们尽快成长和成熟起来，接好老同志的班，坚持好我们党的基本理论、基本路线和基本方针政策，保证我们党和国家的长治久安，把我国的改革和建设继续推向前进，确实是一项刻不容缓的任务。从以上七个方面分析，我们现在确定是处在一个关键时期。

二、讲话的主要内容

讲话分六个问题：

（1）关于建设高素质干部队伍的极端重要性和基本要求；

（2）关于干部的学习；

（3）关于干部的实践锻炼；

（4）关于干部的选拔任用；

（5）关于加强领导班子的建设；

（6）关于培养优秀年轻干部。

从内容的性质分，讲话内容可概分为三个方面：

（1）关于极端重要性；

（2）关于基本要求；

（3）关于建设高素质干部队伍当前要重点抓好的几个问题。

关于培养高素质干部队伍的极端重要性，江总书记在讲话中从三个方面进行了阐述：第一，从马克思主义理论关于干部问题的论述讲极端重要性。从我们党老一辈革命家关于干部问题的论述来讲极端重要性，毛主席多次说过，政治路线确定之后，干部就是决定的因素。小平同志在1979年就强调指出“思想路线、政治路线的实现要靠组织路线来保证”。1992年在南方重要谈话中又一次尖锐地指出：“中国的事情能不能办好，……关键在人”，“中国要出问题，还是出在共产党内。”

第二，从历史的经验看极端重要性。江总书记引用了毛主席在1956年因为社会运动出现风波时讲的一段话，“我们有在不同革命时期经过考验的一套干部，就可以‘任凭风浪起，稳坐钓鱼船’。”毛主席这段话的意思就是只要干部队伍是好的，就能经得住风浪，就能保持稳定，不会发生什么曲折。江总书记纵观建党75年来正反两方面历史教训，得出一条结论，他说：“75年来，我们有一条基本的经验，这就是：党领导的事业要取得胜利，不但必须有正确的理论和路线，还必须有一支能坚决贯彻执行党的理论和路线的高素质的干部队伍。”

第三，讲话从干部队伍现状分析了培养高素质干部队伍的极端重要性。讲话首先肯定干部队伍主流是好的。他说，在党的关心和培养下，我们的各级领导班子和整个干部队伍在改革开放和现代化建设中锻炼成长，涌现出像孔繁森、李润五这样一些深受人民爱戴的优秀干部。这是我们干部队伍的主流，必须充分肯定。这就是说干部队伍整体上是好的，要看到这一点。如果说我们干部队伍整体素质都不好，那么我们的事业怎么可能发展到今天这样一个程度。这一点总书记讲话已讲得很清楚。但是，江总书记同时指出，在我们的干部队伍中，确定还有相当一部分干部素质特别是思想政治素质不适应党的要求。主要表现在四个方面：一是政治上不成熟，不注意学习理论，对党的历史不熟悉，大是大非问题上界限不清，原则问题上是非不分；二是组织纪律性差，不顾全大局、不讲政治；三是作风漂浮，缺乏艰苦斗争和艰苦环境的锻炼，存在官僚主义、形式主义；四是以权谋私，甚至违法乱纪腐化堕落等。总书记在关于讲政治这篇重要讲话中列举了九种情况：①现在有的干部不读书，不看报，不研究文件，不调查研究，很少从政治上观察形势、考虑问题，缺乏应有的政治辨别力和政治敏锐性。②有的对党的方针政策和决策，合意的就执行，不合意的就不执行，有些事情明明中央已三令五申，他在那里仍然充耳不闻，我行我素。③有的地方和部门的保护主义发展到相当严重的程度，为了他那一点局部利益或者个人利益，甚至连犯罪的问题都加以保护。④有的是非不分，对明显违背马克思主义、违背党的基本路线和政策的错误言行也不反映、不报告、不抵制、不斗争，甚至传谣信谣，传播小道消息。⑤有的为了追求个人名利，热衷于拉关系，串门子，把吹吹拍拍、拉拉扯扯这种极为庸俗的作风带到党内来。⑥有的精神不振，遇到问题绕着走，工作敷衍塞责，搞形式主义，甚至弄虚作假。⑦有的群众观念淡薄，不联系群众，不关心群众疾苦，不帮助群众解决实际问题，甚至欺压群众。⑧有的以权谋私，严重损害国家和人民的利益，甚至坠入犯罪的泥坑。⑨有的在对外交往中，不维护国家和民族利益，甚至丧失国格和人格，等等，还可以举出一些。这些问题的出现，固然有多种多样的原因，但根本症结在于不学习，不注意提高自己的思想政治素质，头脑里缺乏马克思主义和社会主义的政治。另一方面，在用人问题上也存在着不正之风和腐败现象，总书记列举了5种表现：①任免干部不按规定程序办事，搞临时动议的；②不讲原则，封官许愿的；③党委讨论人事问题跑风漏气的；④利用管理干部的权力为个人谋取私利，授意送礼甚至公开勒索的；⑤跑官要官的人还不少，买官卖官的人也有，甚至还有骗官当的。一个是干部本身方面的问题，一个是用人方面的问题，的确是不适应。这样的问题不解决，不可能团结率领全国人民实现跨世纪的伟大工程和目标。

江总书记在论述了培养高素质干部队伍极端重要性之后，接着就提出了建设高素质干部队伍的明确要求。总书记在讲话中从政治素质、思想素质、纪律素质、作风素质、业务素质等方面提出五条基本要求。这五条要求是：

第一，要有远大的共产主义理想，坚持正确的政治方向，坚定地走建设有中国特色的社会主义道路，坚决贯彻执行党的基本理论、基本路线和各项方针政策。这一条讲的是政治方向和理论基础，这是对领导干部的基本政治要求。

第二，要努力实践党的全心全意为人民服务的宗旨，密切联系群众，特别是工农群众，坚决维护人民群众的利益。这一条说的是党的宗旨。

第三，要解放思想，实事求是，一切从实际出发，善于开拓前进，具有唯物辩证的思想方法和工作方法。这一条说的是思想路线、思想方法。

第四，要模范遵纪守法，保持清正廉洁，发扬艰苦奋斗精神，自觉拒腐防变，坚决反对消极腐败现象。这一条讲的是思想作风、工作作风问题。

第五，要刻苦学习，勤奋敬业，不断加强知识积累和经验积累，具备做好本职工作的专业知识和能力。这一条讲学习与敬业问题。

江总书记在讲话中提出五条基本要求的同时，还对年轻干部提出要“刻苦学习、勤奋工作、勇于创造、自觉奉献”四句话的要求。我认为，这四句话不仅是对年轻干部的赠言，而且对中年干部和老年同志也是同样适合的要求。

讲话接着针对当前及今后一个时期干部工作中五个重要问题提出了指导

性意见。这五个问题是：关于干部的学习，关于干部的实践锻炼，关于干部的选拔任用，关于加强领导班子建设，关于培养优秀年轻干部。

关于干部学习问题，讲话首先肯定了全党已经开始重视学习理论，有了良好的开端，同时强调，对学习成绩不能估计过高，指出目前在学习中存在的主要问题是：自觉性不高，学习空气不浓，理论脱离实际，学以致用做得不好；有断章取义、实用主义的现象。讲话要求各级干部要努力学习理论，在掌握理论体系上下功夫，在掌握基本原理及其精神实质上下功夫，在掌握马克思主义的立场、观点、方法并用以指导实践上下功夫。讲话在要求认真学习马克思主义理论的同时，还要求努力钻研业务，学习经济、科技、法律和历史方面的知识。

关于干部的实践锻炼，讲话总结我们党的历史经验，提出在实践中锻炼干部，是我们党培养干部的一条根本途径。讲话强调要尊重实践就必然要尊重群众。只有同人民群众相结合，在推动社会主义两个文明协调发展的实践中，经受锻炼，积累经验，提高素质，增长才干，我们的干部才能健康成长，才能有所作为。

关于干部的选拔任用。江总书记在讲话中首先指出，按照党的政策选拔任用好干部，是建设高素质干部队伍的重要环节。讲话要求选拔任用干部应坚持“四化”标准、德才兼备，任人唯贤、五湖四海，公道正派、实事求是的原则。讲话还强调选用干部要注意打破论资排辈，求全责备；要走群众路线、领导和群众相结合，要坚持民主集中制；要制度化、规范化；要克服干部工作中的不正之风和腐败现象。

关于加强领导班子建设。讲话强调领导班子建设是干部队伍建设的重点，而要建设好领导班子关键要选好班长，优化班子结构（年龄结构、专业知识结构），增强班子团结，坚持民主集中制与搞好干部交流。

关于培养优秀年轻干部。讲话强调，实现跨世纪宏伟工程，关键是造就一支马克思主义的年轻干部队伍。在对年轻干部状况进行了全面的分析之后，要求各级党组织要关心年轻干部的成长，热情培养，严格要求。要求年轻干部把自己的命运同祖国和人民的命运紧密地联系在一起，刻苦学习，勤奋工作，勇于创造，自觉奉献，为建设中国特色社会主义的伟大事业而奋斗。

以上是江总书记的讲话的主要内容。

三、讲话的特点与重大意义

1.讲话的特点

江总书记的讲话不到1万字，内容十分丰富，非常精辟。这篇讲话我理解有这样几个突出的特点：

首先，讲话从理论的高度把干部队伍建设作为党的一条基本经验加以肯定。江总书记在讲话的开篇就指出，“75年来，我们有一条基本的经验，这就是：党领导的事业要取得胜利，不但必须有正确的理论和路线，还必须有一支能坚决贯彻执行党的理论和路线的高素质干部队伍。”总书记总结建党75年来的历史经验，把建设一支高素质的干部队伍作为一条基本经验，既丰富和发展了党的建设的理论，又提出了一个对于党的建设具有决定性意义、对于社会主义现代化建设的全局具有决定性意义的重大问题。

第二，讲话是以江泽民同志为核心的第三代领导集体对干部队伍建设最全面、最深刻的一次论述。不仅讲了建设高素质干部队伍的重要性，而且还提出建设高素质干部队伍的五条基本要求和赠给年轻干部的四句话，同时还抓住当前干部队伍建设当中的几个关键问题，提出具体的与可操作的指导性意见。

第三，讲话既继承了党的优良传统，又有新的提法和要求。毛泽东、邓小平同志一贯重视干部队伍建设。毛泽东多次强调：“政治路线确定之后，干部就是决定因素。”不仅说，而且做。延安整风是通过学习提高干部的素质，统一了全党的思想，从而赢来了抗日战争的胜利。全国解放前夕的七届二中全会上，毛泽东又讲要警惕敌人的“糖衣炮弹”，这对于我们进城之后能站住脚、能稳住政局，顺利地进行土改，恢复经济，一直到社会主义建设时期起了很大的作用。小平同志也是这样。在1979年改革初始就强调思想路线和政治路线的实现，要靠组织路线来保证。在十二大开幕词当中，就明确提出干部“四化”的方针。在中顾委全会上，强调要注意培养人、交好班，搞好传、帮、带。1992年南方谈话这条就更明确了。中国的事情能不能办好，关键在人。中国要出问题，还是出在共产党内。小平同志十分重视干部建设。他不仅这样说了，也是这样做了，而且带头模范执行干部改革制度，强调干部“四化”，顺利实现了新老干部的合作与交替，培养了第三代领导集体，使党的事业后继有人。江总书记这篇讲话体现、继承了毛主席和小平同志的观点和思想，重视干部队伍建设。他在讲话中说到，理论上的成熟是我们党政治上成熟的标志。

第四，讲话充满历史唯物主义和辩证唯物主义。江泽民同志在讲话当中，从发展的观点分析了干部队伍建设的重要性。按照自然法则，人都有老的过程。新中国成立前参加革命的基本上退下来了。新中国成立初期参加工作的大部分也逐步离开工作岗位了。在这种情况下，怎样使更年轻的同志尽快地成长，政治上更加成熟，理论水平更加提高，接好班，就成为“极端重要”和“刻不容缓”的问题。另外，在总书记的讲话当中，用一分为二的观点，既肯定我们队伍当中的主流方面，也指出干部队伍中存在的问题。分析干部学习状况时，既肯定成绩又提出不足；对干部工作既肯定了成绩，又提出了干部工作中的不正之风和腐败现象；在分析年轻干部特点时既指出优点的一面，又提出弱点的一面。总之，通篇闪烁着辩证法的光辉。江总书记的唯物主义的态度，勇于揭露我们干部自身队伍中、干部工作当中的不正之风、腐败现象，表明我们党具有彻底唯物主义精神，表明了我们党光明磊落，对前途充满信心。

第五，讲话坚持理论联系实际的学风。总书记不仅从理论上，历史经验上、现实需要上给大家讲道理，而且对当前存在的问题进行具体指导。不仅讲大道理，而且讲解决问题的办法和要求。总书记的这篇讲话内容很多，精神十分丰富，我这里只是一些初步的体会，我们还要认真学习，深刻领会。

2.讲话的重大意义

江总书记讲话提出了一个对于加强党的建设具有决定性意义、对于社会主义现代化建设的全局具有决定性意义的重大问题，意义十分重大。我个人理解，至少有三个方面的重大意义。

第一，讲话具有重要的理论意义。

讲话把建设高素质干部队伍作为75年来党的事业不断取得胜利的一条基本经验加以肯定，这具有理论意义。江泽民同志在讲话的开始就说：“75年来，我们党有一条基本的经验，这就是：党领导的事业要取得胜利，不但要有正确的理论和路线，还必须有一支能坚决贯彻执行党的理论和路线的高素质干部队伍。”

讲话在新的历史时期，在重要的关键时刻，根据新形势的要求，全面系统阐述了建设高素质干部队伍的极端重要性和基本要求，提出了提高干部队伍素质的重要途径和有效方法，这无疑是丰富与发展了党的干部队伍建设的理论。

关于高素质干部队伍是什么样的一个队伍的问题，讲话作了明确的回答。江总书记说："我们要建设的高素质干部队伍就是由具有社会主义政治家素质的领导骨干带领的德才兼备的干部队伍。这应当是一支包括党政干部、企业经营管理干部、科学技术干部和其他战线干部组成的宏大队伍。"这里把企业经营管理干部作为一个大类列在党政干部之后，科技干部之前，既体现了我们党的工作以经济建设为中心，又反映了当今社会迫切需要有一批高素质的德才兼备的企业经营管理干部来搞好我们的国有企业。

从以上几方面看，讲话是有重要的理论意义的。

第二，讲话具有重大的现实意义。

讲话具有重大现实意义集中表现在讲话具有强烈的现实针对性和有效的现实指导性这两个方面。

讲话的现实针对性首先表现在讲话是针对当前干部队伍状况，根据现实形势与需要来讲的。我们正处在一个非常关键的时期，能否胜利实现跨世纪宏伟目标，能否顶住西方敌对势力对我们进行"分化"和"西化"的压力，能否经受住改革开放的考验，过好权力关、金钱关、美人关，与干部队伍状况有决定性关系。现实针对性在不少具体问题上都反映出来。例如，讲话对干部队伍现状和干部工作中现状作了客观的全面的分析，在肯定主流与成绩的同时，还指出了存在的问题与不足，具有现实的针对性。

在有不少干部不讲政治、不讲理想、只想升官发财一心为个人的今天，总书记在讲话中强调干部要有远大的共产主义理想，强调四个永远不能变（党的工人阶级先锋队性质永远不能变，全心全意为人民服务的宗旨永远不能变，密切联系人民群众的优良传统永远不能变，从群众中来到群众中去的根本工作路线不能变）。这些话虽然都是老精神，但在今天改革开放新形势下在干部队伍干部工作中出现这样那样问题的情况下，重新加以强调，感到非常亲切，的确有现实的针对性。讲话对于年轻干部状况的分析，对于干部学习状况的分析都有现实的针对性。

讲话的现实指导性是毋庸置疑的。讲话作为一个整体，可以说是我们党今后一个较长时期内干部队伍建设的纲领性指导文件。讲话不仅提出了明确的要求，而且在论及的几个问题都有具体的可操作的意见。例如，关于干部的学习，要学什么，注意什么；关于干部选拔的条件和应注意的问题；如何选拔干部，如何走好群众路线；班子建设要注意优化结构和选好班子，以及如何当好班长，班子成员应如何加强团结，相互支持；再如年轻干部应如何加强自身修养与锻炼，以尽快成长等等，都有明确的指导意见。

第三，讲话具有深远的历史意义。

总书记在干部队伍又进入一轮新老合作和交替的时期讲建设高素质的干部队伍，具有深远的历史意义。我们党能否把改革开放和建设事业顺利推向前进，完成“九五”计划，把一个稳定的充满发展活力和生机的中国带入21世纪，关键在于能否建设一支德才兼备的高素质的干部队伍；能否坚持走建设有中国特色的道路，坚持党的基本路线一百年不动摇，争取在21世纪中叶基本实现社会主义现代化，归根到底取决于今天的年轻干部能否健康成长；能否保证我们的国家长治久安，保证我们的党和国家永不变色，关键也在于能否建设一支能坚持党的基本理论、基本路线和基本方针政策并能保持党的三大传统作风的高素质干部队伍。十一届三中全会后，我们党采取了一系列重大措施，顺利实现了新老干部的合作与交替，现在各部门的主要领导基本是那个时期走上领导岗位的。但是，随着时间的推移，干部队伍新老合作交替又进入一个新的时期。

为了坚持党的路线一百年不动摇，就要有一代一代的人按照小平同志的理论及党的基本路线和基本方针把这个接力棒接好、传下去。这才对于我们国家的长治久安和稳定发展有利。所以干部队伍的建设是一个关键问题。小平同志曾经告诫我们“要注意培养人，要按照革命化、年轻化、知识化、专业化的标准选拔德才兼备的人进班子。我们说党的基本路线要管一百年、要长治久安，就要靠这一条。真正关系到大局的是这个事”。

从巩固政党的地位保证我们国家长治久安永不变色来讲，只要我们建立一支政治上坚强、素质高，能经受住国际风浪的冲击、顶住西方的“分化”和压力，同时也经得起改革开放和发展社会主义市场经济的考验的干部队伍，我们就能够巩固我们执政党的地位，就能保证国家的长治久安和永不变色。

由此可见，江总书记的讲话具有深远的历史意义。

四、贯彻讲话的几点意见

第一，要认真组织学习讲话。机关党委和各局（室）领导要组织干部、组织机关和直属企事业单位党员认真学习讲话，了解讲话的主要内容，掌握讲话的精神实质，深刻理解讲话的重大意义。通过学习，统一大家的思想认识，认清搞好干部队伍建设的重要性，从而提高建设高素质干部队伍的自觉性。

第二，把机关干部队伍建设作为机关建设的重点抓实抓好。前不久，机关召开了思想政治工作座谈会，会议一致同意机关党组关于机关建设中的主要问题是提高干部队伍的素质，并且作出了相应的安排，制订了建设文明机关的规划，提出了提高机关干部队伍素质的要求。总的看是符合总书记讲话精神的。贯彻讲话精神，联系政协机关实际，就要进一步按照总书记讲话精神，把提高干部素质作为机关建设的重点来抓。要大家一起动手，齐心协力抓好机关干部队伍建设。

第三，要组织好干部学习。制定干部培训学习计划，学习培训计划要包括理论方面的学习，历史知识的学习，特别是中国近代史和中国革命史的学习，专业知识的学习，政协知识的学习。理论学习要持之以恒地学习邓小平建设中国特色社会主义理论；专业知识学习要根据工作性质和特点，从实际需要出发，有针对性地学习；政协知识学习对我们来说非常迫切需要。一是因为我们是在政协机关工作的，当然要有政协知识。二是因为我们机关新人多，对政协了解少，所以就更要学习。学习老一辈革命家和以江泽民为核心的党中央有关政协理论的论述，学习《政协章程》和《规定》。我们要充分利用我们的有利条件，组织好干部的学习，加强对干部的培训。这一方面机关党委和各局室各单位做了很多工作，今后应做得更好。

第四，要做好干部选拔工作。选拔干部一定要坚持“四化”方针和德才兼备标准，要搞五湖四海，公道正派，要坚持走群众路线，领导与群众相结合，决定干部任免要坚持民主集中制。近几年来，机关几次干部选拔基本上都这样做了。每次干部的提拔都经过系统考核和民主推荐，凡大多数群众赞成的，就上党组会进行讨论；凡未获大多数同志赞成的，尽管工作表现也不错，也不上党组会讨论。对于自认工作不错应该提拔而伸手要官的，党组一律不予考虑。党组讨论干部任免时，不仅按民主集中制原则办事，而且一般均以一致赞成的原则。一致通过的就办，有少数同志或个别同志不赞成的我们也采取放一放、再酝酿酝酿的做法，总之做到充分发扬民主。

关于工人转干也采取公开招考择优录用的办法，这样可以使大家有公平竞争的机会，避免领导凭个人印象和感情办事，避免干部工作中的不正之风。今后我们还要继续这样做。

第五，要做好干部交流工作。干部交流是我们党在长期的干部实践中积累的一条行之有效的经验。干部交流无论对于干部的健康成长和对交流单位工作的改进与提高都有好处。这一点大家都是很清楚的。近两年来，我们机关内部进行了较大规模的交流，局级干部有16人，其中第一把手交流的有8人；处级干部有38人。1993年以来，调出15人，调进149人。实践证明，通过交流对于有关单位工作的改进和干部水平的提高有好处。今后我们要按照讲话的要求，继续搞好干部交流，主要是在机关内部以及机关与企业单位之间，但是也可以考虑逐步推进与外单位进行交流，与外单位进行交流比内部交流要复杂一些，但好处也是显而易见的。

第六，做好干部到实践中锻炼的工作。毛泽东同志曾有一句名言，人的知识不是从天上掉下来的，而是从实践中来。“实践出真知”这是一条颠扑不破的真理。江总书记说，“在实践中锻炼干部是我们党培养干部的一条根本途径。”同人民群众相结合，在推动社会主义物质文明和精神文明建设协调发展的实践中经受锻炼，积累经验，提高素质，增长才干，我们的干部才能健康地成长，才能有所作为。近两年我们机关有一批干部到安徽贫困县去挂职工作，他们都深有体会，的确既增长了不少知识，也增长了才干，今后我们要继续这么做。除了扶贫以外我们还可以以到地方有关部门、到地方政协挂职等多种形式锻炼。望大家服从组织的安排，愉快地接受实践的锻炼。

第七，做好领导班子建设和后备干部工作。干部状况的好坏与班子状况如何有直接关系，所以要重视与做好各级班子的建设工作。从长远看，在抓好现有班子的建设的同时，还要抓好各级班子后备干部的培养选拔工作，这一方面我们已开始做了，但要抓紧进行，要按讲话的要求做得更好。

第八，要加强自我修养与督促检查。为了贯彻落实江总书记的讲话精神，机关全体党员、全体干部要从我做起，加强自我修养，通过努力学习，掌握精神，并按要求加以对照衡量，做到的要继续坚持，未做到的要努力做到。树立正确的世界观、人生观和价值观，把党的利益放在第一位。事物的发展内因是决定因素，干部的成长组织的关心帮助很重要，但主要靠自己努力。这一方面各级领导要带头，起模范表率作用。只要大家共同努力，就有可能把我们的工作大大提高。

为了做好政协机关干部队伍建设的工作，机关党组正在制定一个加强机关干部队伍建设的意见，结合政协的实际具体贯彻落实江总书记讲话精神。要加强组织监督和群众监督。

以上是我初步学习的一些体会和认识，讲出来与大家共同研讨，不对之处，请同志们批评指出。

（1996年7月18日）

在全国政协机关老干部新春茶话会上的讲话

同志们：

1997年元旦刚过，我国人民的传统节日春节又将来临。在这辞旧迎新之际，全国政协办公厅举办政协机关老干部新春茶话会，大家在这里欢聚一堂，共贺新春。首先我代表机关党组和各位副秘书长，向机关的老领导，向各位离（退）休的老同志，致以亲切的问候和节日的祝贺，并给大家拜个早年！

过去的一年里，我国人民在以江泽民同志为核心的党中央领导下，改革开放和现代化建设事业取得了新的成就。实施“九五”计划和2010年远景目标纲要开了一个好头，全国经济继续保持快速发展的势头，社会主义民主和法制建设稳步前进，社会主义精神文明建设提到了更加突出的地位，全国经济繁荣，社会稳定，民族团结。在外交事务中也取得了一系列重大胜利，国际形势正朝着对我国现代化建设有利的方向发展。

在过去的一年里，人民政协围绕国家大局，为实施跨世纪的宏伟纲领积极履行职能，建言献策，各方面工作都取得了好成绩，各专门委员会近20份建设或调研报告提出的建议被中共中央、国务院采纳，有20多条反映社情民意的信息得到领导同志的批示，我们还成功地举办了一系列在国内外有影响的重大活动。可以说，过去的一年政协工作成果丰富、富有实效。江泽民总书记在新年茶话会上也对政协工作给予充分肯定，他指出：“人民政协在过去的一年里，积极反映社情民意，为促进国家的改革和发展提出了很多很好的意见和建议，工作是很有成效的。”

这既是对政协工作的充分肯定，也是对我们的鼓励和希望。

政协机关作为政协工作的一个部分，各项工作也取得了很大进展。在政协党组和李瑞环主席的领导下，大家团结一致，围绕政协中心工作，在搞好服务、当好参谋方面，在大力加强文明机关建设，提高职工队伍思想、政治、业务素质方面，在加强机关工作的制度化、规范化建设等方面都取得了一定进展。最近李主席在专委会主任会议上，对八届政协以来的工作和经验作了总结，概括了八个方面的工作成绩和六个方面的体会，其中的一条，就是机关建设得到了加强，机关在软件和硬件上都有新的变化。

机关工作一年来的进步和成绩，是政协党组正确领导的结果，是全体机关工作人员团结奋斗的结果，是在座的各位老同志过去长期在机关工作打下基础的结果。这里我要向所有为政协事业作出贡献的、对所有关心和支持机关工作的老领导、老同志，致以衷心的感谢！

同志们，1997年是我国历史发展上非常重要的一年。我们要迎来香港回归，完成祖国统一大业进程的关键一步，我们要迎接中国共产党第十五次全国代表大会的召开，把建设中国特色社会主义的伟大事业向新世纪全面推进；我们要做好本届政协最后一年的工作，为明年换届做好准备。政协机关要围绕这些关系全局的大事，按照中央的统一部署和全国政协的工作安排，以邓小平建设中国特色社会主义理论为指导，坚持党的基本路线和基本方针，全面贯彻中共十四届五中、六中全会精神，把握大局，总结经验，开拓进取，努力为政协履行职能搞好服务，当好参谋，以优异的成绩和创造性的工作，迎接香港回归，迎接中共十五大的召开。新的一年任务十分繁重，需要机关上下同心同德，团结奋斗，需要老同志们继续关心和支持机关工作。希望大家认真学习，继续发扬革命的优良传统，把丰富的经验、宝贵的财富贡献给政协事业。机关也要在继承历史、发扬传统的基础上，进一步关心、尊重老同志，为老干部、老同志在两个文明建设和机关各项事业中发挥作用提供更好的条件。特别是老干部局的同志们，要为机关党组认真落实党的老干部政策当好参谋，及时组织传达学习好重要文件和领导指示，通报机关的重要情况，听取老干部、老同志的意见和建议，细心做好各方面的服务工作，为老干部、老同志排忧解难，多办实事。

同志们，党中央对人民政协的工作提出了新的希望和要求，李瑞环主席要求政协年年要有新贡献。让我们更加紧密地团结在以江泽民同志为核心的党中央周围，努力学习，扎实工作，以优异成绩向中共十五大和九届政协献礼。

最后，祝大家春节快乐，身体健康，阖家幸福!

谢谢!

（1997年1月16日）

关于政协八届五次会议筹备情况的汇报

主席、各位副主席：

政协八届五次会议再过6天就要召开了，现在我就这次会议的筹备工作情况向主席和各位副主席作一简要汇报。

一、关于这次会议的指导思想和重要安排

今年的政协大会是在全国上下沉痛悼念我党我军我国各族人民公认的享有崇高威望的卓越领导人邓小平同志的时候召开的，是在我国即将恢复对香港行使主权和即将召开中国共产党第十五次全国代表大会的时候召开的。今年又是本届政协最后1年，要在前4年的基础上再接再厉，胜利完成本届政协的使命，为明年政协换届做好准备。因此，无论从国家全局看，还是从政协自身看，这次大会都是一次很重要、很特殊的会议。

为开好这次会议，中共全国政协党组专门就会议的指导思想和重要安排向中共中央作了请示。1月20日中央常委会研究同意政协党组的请示。经中央批准的这次会议的指导思想是：以邓小平建设中国特色社会主义理论为指导，坚持党的基本路线和基本方针，服从和服务于全党全国工作大局，积极履行政治协商、民主监督和参政议政的职能，为更好实施跨世纪的宏伟纲领，进一步落实党的十四届六中全会《决议》精神，发扬民主，促进团结，发挥优势，建言献策，按中共中央的统一部署，把会议开成民主、求实、团结、鼓劲的大会。

这次大会从2月27日下午开始，到3月12日结束，共13天半。这次大会的主要任务是听取并审议政协全国委员会常务委员会的工作报告，总结全国政

协1996年的工作，部署安排1997年的工作，同时要通过一些决议和报告；列席八届全国人大五次会议开幕会议等几次全体会议，听取并讨论李鹏总理的《政府工作报告》以及其他重要报告。会议闭幕时，李瑞环主席还要发表重要讲话。

江总书记等中共中央和国务院的领导同志除出席大会开幕、闭幕会外，还将到小组看望委员、听取意见。会议的详细议程和日程将提请今天的主席会议审议。

二、大会筹备工作进展情况

根据李主席和常务副主席的指示，大会筹备工作从去年10月底就陆续开始，着重在九个方面进行。

第一，组建大会秘书处。经主席会议同意，成立了政协八届五次会议秘书处，下设秘书、文件起草、简报、提案、大会发言、新闻、信息、联络、组织、警卫、民族语言翻译、总务等12个组和8个饭店办事组。为了提高为委员服务质量和工作效率，根据委员的反映和以往的经验，今年大会秘书处增设了信息组，专门为委员反映社情民意服务。对各个小组和8个饭店办事组的职责进行了调整，扩大了饭店办事组的职能，充实加强了人员，由机关一个局负责一个饭店的服务工作。大会秘书处成立后已召开3次会议，对八届五次会议各项会务工作进行了认真研究，修订了秘书处各大组的工作职责，制定了工作计划，听取筹备工作进展情况汇报，对工作中存在和遇到的问题进行协商解决。

第二，调配培训大会工作人员。大会工作人员的抽调工作已按计划完成。今年参加大会的工作人员有1316人，其中政协机关570人，中央国家机关、各人民团体、解放军驻京单位和北京市抽调698人，各省（区、市）政协抽调48人。在中央国家机关等单位的大力支持和配合下，各单位抽调人员已经在20日前全部报到并进行了培训。大会秘书处拟在今天下午召开全体工作人员动员大会，认真学习中央和政协党组的指示精神，加强对工作人员的教育和管理，振奋精神，团结奋斗，全力以赴，以高度的政治责任感做好大会的各项服务工作。

第三，会务秘书工作，大会会务工作正在紧张进行。委员出席会议的通知

1月27日前已全部发出。目前已有990多名京外委员报名；会议日程、会议分组名单、召集人名单等将提请今天主席会审议，通过后有的即可制作成文件，有的提请19次常委会审议。会议的各种证件正在制作。

第四，报告、文件起草工作。报告及其他文件起草工作基本完成。为江泽民总书记在"两会"党员负责人会议上讲话提供了政协部分的素材。李主席的重要讲话在主席亲自主持下已基本定稿。常委会工作报告（草稿）已根据上一次主席会议审议意见进行了修改，现在正在制作19次常委会会议文件。各专门委员会1996年的书面工作总结，将提请今天的主席会议审议。五次会议的其他文件也正在着手起草。报告、文件的民族语言翻译工作已开始进行。

第五，提案、信息收集与简报工作。八届政协四次会议以来提案工作情况报告将提请今天的主席会议审议。五次大会的提案工作已制定了工作方案、工作程序和书写注意事项。现已收到提案80件。为了反映社情民意，大会信息组正式开通了全国政协委员专用语音信箱。在技术和装备上做好了准备。现已收到信息42条。

大会简报今年初步打算出200期左右。根据去年大会期间委员的反映，为减少工作环节，提高工作效率，今年作了适当改进。简报组在各委员驻地办事组派一名副组长负责简报的编审工作。有些不适合大范围送发的，还将以快报形式送党和国家领导人。为提高会议简报质量，编印了简报人员培训教材，并在会前组织培训。

第六，组织大会发言。这次拟安排4次大会发言，约36人左右。大会发言组专门召开了各民主党派中央、全国工商联、人民团体的约稿会。各家均已通报了发言题目，并在积极准备。委员们对大会发言非常重视，目前已收到大会发言35份。届时对大会发言的材料还将严格审核，在政治上把好关。

第七，新闻宣传安排。经中央同意，成立了"两会"新闻组。政协五次会议的新闻宣传已拟定了方案。新闻发言人已经上一次主席会议审议同意由梁金泉同志担任。会议将举行一次新闻发布会，两次小型记者招待会，两次集体采访，两次专访，安排部分小组讨论对台港澳和我国记者开放。目前已有300多名中外记者报名采访政协大会。对新闻发布会和记者招待会，大会秘书处和新闻组多次开会研究，对可能出现的问题，做了充分准备，对112个问题准备了备答口径，并与人大共同对26个敏感问题做了备答准备。

第八，生活后勤保障工作。会议后勤保障工作已基本落实。委员驻地在京丰宾馆、妇女活动中心、二十一世纪饭店、西郊宾馆、燕京饭店、燕翔饭店、北京贵宾楼饭店、中协宾馆8个地方，所需2267个房间已落实。

外地委员来京、离京的交通事宜同空军、民航和铁路部门协调多次，基本落实。其中有13个省的委员坐飞机来京。委员接送站工作均已作安排。

政协八届第五次会议经费预算为4300万元，估计财政部可审批4000万元，稍有缺口。现已预拨会议经费2000万元。我们将本着少花钱、办好事的原则，精打细算，尽量节约开支。

会议交通工具除政协机关车辆外，还租用了317辆汽车，可以保证会议用车。

第九，安全保卫工作。“两会”的安全保卫工作主要由公安部八局负责，制定了安全保卫计划，并已检查了各驻地安全情况，制定了紧急情况处置方案。政协大会警卫组也根据总体要求结合我们的实际情况作了研究部署。

从总体看，大会筹备工作已基本就绪。19次常委会准备工作亦已完成。常委会日程将作些调整，有关常委会和大会的日程安排意见，朱作霖同志将要汇报。

我的汇报完了。不妥之处，请指示。

（1997年2月21日）

政协后勤工作要处理好八个关系

人民政协后勤工作经验交流会开了3天，今天就要结束了。会议开始时李瑞环主席和杨汝岱、阿沛·阿旺晋美、孙孚凌副主席亲切接见了大家。李主席在接见大家的时候作了重要指示，杨副主席在会上作了重要讲话，会议开始时赵喜明副秘书长作了一个很好的报告。各地同志都带来了很好的材料，在会议过程当中，大家进行了广泛的交流，提了很好的意见。本来李主席、杨副主席都讲了，喜明同志也系统地讲了，我没什么更多的要讲。但我在看了大家的材料，学习了大家的经验，听了这几天会议讨论的情况介绍之后，很有收获，得到不少启发。我想利用这个机会谈三点：

一、关于这次会议的评价

对这次会议我和大家都有共同的感受，共同的认识，觉得这次会议开得很好，领导很重视，大家很努力，会议准备充分，开得很活跃，至少有四个方面的收获。

1.听取了领导的重要指示

李主席在百忙之中接见了大家，即席作了重要指示，充分肯定了人民政协后勤工作在整个政协工作当中的地位和规律，要求我们把后勤工作作为一门科学、一门学问来高度重视，认真研究，对今后的工作提出了殷切希望。杨汝岱副主席在讲话中对人民政协后勤工作如何在已有的基础上做得更好，作了系统阐述。提出了明确的要求。领导的讲话，给我们很大鼓舞，为我们今后搞好政协工作，搞好政协后勤工作指出了明确方向。这是我们这次会议非常重要的收获。

2.全国各地政协广泛地交流了经验

每个单位的经验材料，包括全国政协机关同志们的材料，我都看了一遍。有的单位比较全面地进行了后勤工作总结，有的单位从一个侧面、一个方面对问题进行深入探讨。不管是全面的总结，还是对一个专门问题的探讨，都在改善管理、加强服务、搞活经营等方面有好的经验，都起到互相启发、共同提高的效果，对于搞好人民政协后勤工作，从而促进整个政协工作的开展，具有积极的作用。

3.研究了今后政协后勤工作

通过这次会议，认真探讨了在新形势下如何进一步深化改革，加强管理，搞好后勤工作的思路。大家在会上发表的许多想法、意见，对于我们搞好今后的工作很有启发，很有帮助。各地政协做了大量的工作，许多方面比我们全国政协机关的工作做得好，在若干方面很有特色，值得我们全国政协机关学习。

4.增进了政协后勤战线的联系和友谊

通过这次会议，增加了我们后勤战线同志们之间的友谊，广交了朋友，加强了联系。我想在座的每一位都会有这样的体会：每次参加一个会，无论是参加外单位的，还是参加本系统的，总能通过这个会结识一些朋友，认识一些人，或者在已经认识的基础上加深感情。人总是有感情的。增进友谊，增加感情，这对我们今后进一步开展协作、促进工作很有帮助。我们政协工作是一个整体，需要方方面面的配合，大家互相支持。熟人多，朋友多，今后到各地办事，开展工作，组织活动，都会有好处，所以我觉得这次会议很有收获。

二、关于人民政协后勤工作的一些基本经验

上一次政协后勤工作会议以来，已经过了5年。这5年当中，后勤战线的同志们付出了辛勤的劳动，作出了巨大的努力，工作很有成绩，为各级政协履行职能，开展工作，组织活动，起到了有力的促进和保障作用，并且在工作实践中积累了非常丰富的经验。这次各地政协带来的材料，经验丰富，而且体会深刻。我昨天粗略看了以后，归纳了一下，我认为比较重要的、带有一定共性的经验，至少有以下六个方面：

1.增强服务观念是搞好后勤工作的前提

我们政协机关和国务院的一般部委机关不一样。国务院的各个部委领导一个系统、一条战线，要对这方面的工作进行决策。而政协机关就是服务机关，本身并不对这些方面工作进行决策，重大决策由中央或当地党委作，内部事务的决策由全委会、常委会、主席会来作。我们就是为贯彻实施这些决策服务。政协机关本身是服务机关，后勤是服务机关当中的服务部门，是服务中的服务。所以对于后勤部门来说，对后勤战线的同志们来说，要不断增强服务观念，明确我们的主要职责是搞服务的，只有增强服务观念，才能把后勤工作搞好。我们的宗旨就是全心全意为人民服务，我们后勤工作更需要树立全心全意为人民服务这种思想。实践证明，凡是平时不断注意增强服务观念，提高服务意识的，后勤工作就搞得好。反之，如果我们在这方面有所忽略，或者淡漠，就可能搞得一般化，甚至出现差错，产生不良的影响。所以增强服务意识对我们的工作非常重要，的确是我们搞好工作的前提。

2.突出政协特点是搞好后勤工作的关键

每个机关都有后勤工作，每个机关的后勤工作都是服务工作，当然各个机关的后勤工作之间都有其共性。但是，不同的机关有不同的特点。特别像政协机关更有它的特点。怎样认清这些特点，抓住这些特点，深入研究这些特点很重要。如果我们看不到政协工作的特点，就不能有针对性地进行服务，那我们就可能收不到应有的效果。对政协机关工作的特点，可以详细地摆出若干条，其中最主要的一个特点就是人民政协是一个统战组织，政协工作的主题就是团结和民主，统战工作的本质就是大团结。它要求我们广交朋友，为团结各界人士搞好服务。只有把服务工作搞好了，才能够达到团结的目的。服务工作搞不好，怎么能团结人呢？促进团结实际上是一个政治性很强的工作。政协的服务对象和一般机关服务对象不一样，党派、团体的代表人物多，民主人士多，各界名流多，各界政协委员都是各界的名流。包括科技、经济、文化艺术、体育、卫生等等，能够参加到我们政协里面来的都是各界的名流和顶尖的人物。怎样把为这些人的服务工作搞好，要求是很高的。这就不同于一般的机关，不同于一般的单位，这是我们很重要的一个特点。在座的好多同志都是“老政协”，我来政协3年多不到4年，感到政协机关服务面很宽，内容非常庞杂，任务也很重。特别是政协的会议多，比如大会、常委会议、主席会议、专委会议等等，通过会议来协商，是发扬民主参与国家大事的一种很重要的形式。每次会议参加的人员较多，会务工作量大。像全国委员会一年一度的大会，有2000多位委员，还有工作人员1000多人。每个省的政协开大会也有好几百人。那么多人参加的会议，怎么组织好，服务好，这就是很大的一个问题。想必是一门学问。另外每年还有好几次常委会，常委也有好几百人，为会议准备的吃、住、行，程序、文件、材料，新闻宣传、安全、卫生，会后对意见、建议的整理、办理、落实等等，工作量很大。怎么把会议组织好、服务好是政协履行职能的要求，是贯彻民主团结两大主题的要求。特别是在服务对象很特殊，名人多、领导人多、党派成员多的情况下，我们能够高质量、高水平地搞好服务，这就是我们要把握的特点。怎么认清这一特点，抓住这一特点，适应这一特点，积极地开展服务，是搞好后勤工作的关键。

3.积极推进改革是搞好后勤工作的必由之路

党的十一届三中全会以来，邓小平同志倡导实行改革开放政策，使我们的事业得到蓬勃发展，政协后勤工作也是一样。实践证明，通过改革搞活了后勤工作，提供了更有效的服务。后勤改革的目的是建立能够适应社会主义市场经济体制要求和政协工作特点的新的后勤工作管理体制。怎么实现管理科学化、服务社会化，促进人民政协事业的发展，大家在近一段时期来做了大量工作。很多单位解放思想，转变观念，实行政企分开，政事分开，转变职能，理顺关系，大力发展多种经营，多渠道筹集资金，同时改革人事制度，转换改革内部的经济运行机制，打破大锅饭，等等，通过这一系列改革办法把我们后勤服务工作搞活了。以前靠躺在国家财政上吃大锅饭，财政给多少钱办多少事，因此服务工作受到很大限制。通过改革以后，大家采取很多措施，广辟资金来源，既促进了政协工作，又改善了我们机关职工生活，为委员们提供了更多更好的有效服务。这一点，也是各地政协比较普遍的经验。

4.不断强化管理是搞好后勤工作的重要环节

这方面大家已介绍的经验很多，从机构设置、合理划分职能，到内部制度建设、劳动、人事工资管理、经济核算、财务监督等，各个方面都形成了一套系统的制度。后勤工作是很庞杂的工作，也是一部很大的机器，如不加强管理，就很难正常有序地运转。这一方面注意加强了，后勤工作就井井有条，能够更有效地开展活动，为政协工作提供更好的服务。各地政协在硬件的建设上做了很多的工作，如工作环境的建设，工作条件的改善，等等，与此同时后勤部门本身的内部管理普遍加强，包括对下属单位的管理，有的实行目标管理，规定一定的生产任务、经营指标、上交任务等等，在管理方面做了很多的工作，对后勤工作的制度化、规范化起到了重要作用。

5.加强队伍建设是搞好后勤工作的基础

后勤工作千头万绪，政治性、统战性很强，服务对象很特殊，工作面很广，在这种情况下，如何搞好工作，使上下左右各方面都满意，关键在搞好后勤队伍建设。从大家带来的材料中看，大家普遍注意抓好三个问题：一是抓班子建设，二是抓职工队伍的培训，提高整体素质，三是抓党的基层组织建设。正因为素质提高，人的工作做好了，大家积极性得到充分发挥，我们才能把这么庞杂的任务、艰巨的任务有效地开展起来，而且做得很有成效。

6.切实加强领导是搞好后勤工作的保证

从全国政协来看，首先是李主席非常关心我们机关的建设，非常关心机关后勤工作，包括政协大楼的建设。很多同志都了解，这个大楼有4.4万多平方米，只用了一年半时间就盖完了，每平方米造价6000元。修建期间李主席就来了30多次，从开始设计、施工，到后来框架主体、内装修等，经常来看，非常关心。建成使用之后，也常来走一走，看一看，有什么问题及时给我们提出来。这次开后勤工作会，李主席在百忙之中来看望大家，汝岱同志专门到会讲话，就是领导重视机关后勤工作的生动体现。从大家的材料中也可看出，各单位都有领导主管这方面的工作，负责后勤工作的同志都能负起责任来，把自己分管的事情领导好，组织好，管理好，所以各级领导重视后勤工作，关心后勤工作，加强对后勤工作的领导，这是最主要的。

总之，各地的经验表明，要抓好后勤工作，既要充分发挥后勤职工的积极性，又要紧紧依靠各级领导的支持，并通过深化改革，加强管理，针对政协特点开展针对性的服务。这些年后勤工作取得好的成绩，这与大家在实践中不断总结经验，并运用这些经验指导工作是分不开的。这些经验对大家相互间有启发意义，对全国政协办公厅来说，同样也很有启发作用。

三、关于今后的工作

政协后勤工作取得很大成绩，但与形势发展的要求相比，应该说还有许多差距，我们还需要继续努力，把人民政协后勤工作提高到新的水平，以更好地适应新的形势的要求，促进人民政协工作上新台阶。

当前政协后勤工作面临怎样一个新的形势呢？我想有这样几点：

第一，党所提出的宏伟目标任务，需要我们加倍努力，共同为之奋斗。党的十五大为我们规划了今后50年的宏伟蓝图，提出了非常光荣而艰巨的任务，确立了分“三步走”的伟大目标。纵观当今世界形势，和平与发展是当代世界的潮流，国际竞争更加激烈。面对21世纪的到来，各国都在加紧筹划部署，以便在新的国际秩序中占据有利地位。我们要屹立于世界强国之林，能在各国综合国力和科技实力竞争中立于不败之地，实现“三步走”的宏伟目标是最基本的要求。今年香港回归是件大事，为什么能这么顺利回归，这与我们综合国力的增强是分不开的。实现十五大的目标任务，要靠各个战线、各个领域来落实。我们要在政协工作不同的岗位上为实现这一目标而努力。

第二，十五大对政协提出的更高要求，需要政协后勤工作为政协事业上新台阶作出新贡献。江泽民同志在十五大报告中，用很长一段话讲了统一战线和人民政协工作，直接涉及人民政协的有两句话非常重要：一句是“继续推进人民政协履行政治协商，民主监督，参政议政的规范化、制度化”，一句是“使之成为党团结各界的重要渠道”。小平同志讲过，人民政协有两大主题，一是民主，一是团结。我理解，继续推进政治协商、民主监督、参政议政的规范化、制度化，属于民主的范畴，“使之成为党团结各界的重要渠道”这一句，就属于党中央对实现团结这一主题的要求，强调在团结上发挥更重要的作用。这就不仅在政治协商、民主监督、参政议政方面，而且在党团结各界的重要渠道方面，中央对政协的要求更高了。政协后勤工作要坚决按照中央的要求，加倍地努力，更好地工作，促进政协各项任务的完成。

第三，广大政协委员和机关职工希望进一步改进后勤工作。社会进步了，经济发展了，人们对工作条件和生活质量的要求也更高了，需要进一步提高后勤工作水平。我国人民正在由温饱向小康迈进，人们对吃、住、行的要求在变化，对物质生活、精神生活的期望在不断提高。在现阶段力所能及的条件下，怎样通过后勤职工的努力，改善我们的工作条件、生活条件，使广大政协委员和干部职工在工作条件和生活方面的质量不断有新改善，这是一个随社会进步在不断增长的要求。

在这样的形势下，后勤部门的同志要意识到肩上的压力更大，工作难度更大了。如何搞好后勤工作，我们要做的事情很多，千头万绪，要从根本抓起。

第一，要认真学习贯彻十五大精神，按照十五大要求，在政协工作中更高地举起邓小平理论伟大旗帜，用邓小平理论武装我们的头脑，特别是用邓小平同志关于人民政协的理论指导我们的工作。小平同志对人民政协有一系列论述，比如他关于人民政协的性质、地位、作用，关于人民政协的主要职能、主要任务、工作方式、工作原则、发展前景等等，都有明确具体的论述，是邓小平理论的重要组成部分，是人民政协的指南。要组织政协后勤干部职工认真学习好十五大精神，学好邓小平理论，按十五大精神办事，这是今后一个时期后勤工作的首要任务。

第二，从当前来看，全国政协和绝大多数省（区、市）政协都面临换届的任务。这是本世纪内政协最后一次换届，搞好这次换届工作，对于把人民政协事业向新世纪继续推进，具有重要意义。希望后勤部门的同志们以高度的政治责任感，严谨细致的工作作风，充分做好各项准备工作，确保换届工作顺利进行。这是当前后勤工作中面临的又一项紧迫任务。

第三，不断总结实践经验，努力探索后勤工作规律，特别注意处理好以下八个方面的关系。

一是正确处理好抓业务和讲政治的关系。后勤工作是非常具体的工作，需要实干苦干，一件一件地办好。在踏踏实实抓业务的同时，又必须讲政治，顾大局。政协机关包括后勤部门怎样讲政治？我认为主要有这样几点：一是坚决维护以江泽民同志为核心的党中央的权威，按中央有关政协工作的指示办事，坚持贯彻党的三代领导人关于政协工作的论述，特别是小平同志关于人民政协工作的论述。二是坚定地走建设有中国特色的社会主义民主政治之路，按照江总书记在十五大报告中讲的，必须坚持和完善人民民主专政的国体和人民代表大会制度，坚持和完善共产党领导的多党合作和政治协商制度。不照搬西方政治制度的模式，坚持政协就是政协，不比不套，不搞西方两院制，也不向两院制倾斜。这是一个政治方向，不能偏离。三是紧紧围绕中心，服务中心，开展后勤工作，不能偏离方向。国家以经济建设为中心，党在各个时期都有工作中心，后勤工作要紧紧围绕和配合中心工作。后勤服务有很强的政治性，例如为某个党派、某个界别的委员办一件事情，看似一件小事，但如果处理不当，就可能涉及党派之间的关系问题，界别之间的关系问题。从这个意义上讲，就不是一件小事。所以在为委员服务、为党派服务中，要充分认识到政治性强的特点，经常从政治影响上考虑问题，不能单纯地就事论事。总之从大的方面要维护中央的权威，坚持正确的政治方向，在具体的工作中经常注意政治影响，就能保持业务工作的正确方向。

二是正确处理好全面服务和重点服务的关系。政协机关都是搞服务的，后勤工作更是服务。后勤服务的内容很多，杨汝岱副主席在讲话中指出：要为领导服务，为委员服务，为机关服务。各级政协的领导人多，有中共的，有民主党派和人民团体的。为领导服务，首先是为领导开展政务活动提供很好的服务。领导的政务活动事关全局，影响很大，服务工作不能有失误；同时为领导的生活提供很好的服务。为委员服务，包括为委员活动服务，为委员生活服务。为机关服务，既包括为机关有效运转服务，又包括为改善机关干部职工生活福利服务。服务的面很宽，内容很多，我们都必须服务好，但归根结底要围绕一个重点，这就要为政协履行好职能提供服务，这既是服务的目的，也是服务的重点。离开了这个重点，其他服务就没有意义。

三是正确处理好办事和待人的关系。后勤工作事情比较具体、琐碎，要一件事一件事地办，而每一件事都要涉及人甚至很多人，有时通过办事涉及待人，有时通过接待人来解决一些事。既要把事办好，又要把人接待好，这是一门艺术。我想我们大家都有过这样的经历，有些事很难办，或者现在不具备办的条件，但通过后勤部门的同志耐心细致作地解释，态度坦诚，方法得当，虽然事情没办成，但有关人员还是能理解。也有另外一种情况，即事情办成了，别人还不高兴。举例说吧，我们到商店买一件东西，或到机关领办公用品，要一支钢笔，一个本子，当别人拿出钢笔或本子给你的时候一摔，而不是那么客客气气递给你，尽管我得到了本子或笔，但你的态度不怎么样，我心里就不高兴。政协是搞统战的，是团结人的工作，不管事情是否能办，都要笑脸相迎，热情接待，使大家来得满意，走得高兴，达到团结的目的。如果态度不好，影响了团结，就没有体现政协团结的主题。后勤部门接触的人更多，正确处理好办事与待人的关系非常重要。正如李主席在接见大家时讲的那样，后勤工作是一门科学，做好它是一件很不容易的事情。当然做不做得好，这首先与我们的服务观念有关。如果我们牢固树立为人民服务的思想，态度就会好起来。

四是正确处理改善条件和加强管理的关系。工作条件要改善，管理也要跟上。如全国政协机关过去在平房办公，几个处在一间屋子里办公，拥挤不堪。李主席来一看，条件这么差，不像四大机关之一的样子，于是抓紧盖了这个楼。楼盖起来了，如果不加强管理，空有外表，里面很脏很乱，那怎么行呢？这么大一个机关，如果没有规章制度，很难做到有条不紊地开展工作。喜明同志在报告中讲，管理局多少条制度，服务局多少条制度，中协中心有多少条制度，各省（区、市）政协的材料中都讲到各种各样的制度。讲制度就是加强管理，就是软件建设。硬件要改善，软件也要完善。这些年来由于各级党委的重视，不少政协的外部条件都有相当的改善，但在软件方面还要加强管理。

五是正确处理服务和经营的关系。当前全国政协和各省市政协的机关后勤，都在抓好服务的同时，搞经营。服务和经营都是需要的，但是关系要处理好。首先要有明确的指导思想。经营是为了服务，为了更有效地服务，为搞好服务创造条件。而要搞好服务，又需要搞经营。比如，全国政协机关中午免费供应一顿饭，标准是每人5元钱，300天就是75万元。这些钱从哪里来，靠财政是不行的。这就需要靠经营部门的努力。再如，中协宾馆一年上交多少，盛祥饭庄上交多少，汽修厂上交多少，印刷厂上交多少，包括今后礼堂过几年也要上交，食堂本身也搞一些对外经营，经营的目的是为服务创造更好的条件。服务是宗旨，经营要有利于搞好服务，这个关系要处理好。

六是正确处理好开源与节流的关系。许多同志在讨论中普遍感到政协机关底子薄，经费紧张，与政协履行职能的要求不相适应，这是由我们国家处于初级阶段的国情决定的。怎样处理开源的问题，一方面积极向各级政府申请，争取党委、政府的支持，能多拨点款，这是很重要的方面；同时通过开展多种经营，增加一些收入。另一方面要节流。有了钱我们不能大手大脚乱花，勤俭办事非常重要。中央一再提倡勤俭节约，最近又强调反对浪费。政协后勤工作要搞好接待，免不了请客吃饭，这是需要的。但怎么个接待法，怎么样把事情办了，钱也省了。这就很讲学问。总之，一方面千方百计广辟经济来源，增加点收入，为大家多办点事情；另一方面又要节约，少花钱，多办事，同时把事情办好。

七是正确处理好管理和管人的关系。在后勤工作中，管物和管人是两件非常重要的事情。比如人事局主要是管人，管理和服务局主要是管物。但管理是通过人去管的，这么大的家产需要管理好，关键靠人。后勤摊子大，管的物多，管物的人也很多。既要管物，又要管那么多人，要做好不容易。这么多委员要来，这么多中央领导要来，一看政协乱糟糟的，这怎么行！只有把人管好，把人的积极性发挥出来，靠大家主动积极地去管好这些东西，才是治本之道。因此要加强政治思想工作，加强党的建设，搞好班子的配备，提高职工队伍素质，充分发挥他们的积极性，创造性，这样才能把后勤工作搞好。后勤战线是很重要的战线，需要大批无名英雄甘当人民勤务员，默默奉献。从毛主席、邓小平到江总书记，都有一系列指示，对干部职工的要求很明确，要组织广大干部职工认真学习并付诸行动。

八是正确处理好恪尽职守与团结协作的关系。刚才我们讲到后勤既要管人又要管物，这就需要我们每个人在各自的岗位上积极地发挥作用，同时又需要同志之间、部门之间更好地团结协作。只有每个人在各自的岗位上积极工作，同时加强各部门之间的密切协作配合，整个机关这台大机器才能协调、高效、有序地运转。一个机关是这样，各个局之间是这样，各个处之间是这样，一个处内部也要这样。团结是政协的主题之一，是政协的好传统，政协机关后勤工作要发扬团结协作精神。

总之，政协后勤工作过去取得了很大的成绩和很好的经验，现在还存在困难和问题，它的未来任重道远，大有可为。我相信通过这次会议，大家一定能在已经取得的成绩和经营基础上，振奋精神，再接再厉，使我们人民政协的后勤工作上个新台阶，为人民政协事业的发展作出新的更大的贡献。

（1997年11月14日）

在“侨界反‘台独’、反分裂、促统一座谈会”上的讲话

不久前，全国政协港澳台侨委员会在深圳联合海峡两岸共7家单位共同发起召开了反“台独”促统一的研讨会，7家单位发表了联合声明。声明指出，世界上只有一个中国，台湾是中国不可分割的一部分，中国的领土和主权完整不容分割，两岸人民是血脉相连的骨肉同胞。早日解决台湾问题、实现中国完全统一是大势所趋。任何形式的“台独”分裂活动，都违背中华民族的根本利益和两岸同胞的共同意志，必将引发两岸关系的紧张与危机，都是对两岸人民利益的极大伤害，必须坚决予以制止。

今天，我们“五侨”共同举办反“台独”、反分裂、促统一座谈会，进一步对当前海峡两岸的形势表示关注，表达海外侨胞和归侨侨眷维护国家主权和领土完整的决心。5月20日，台湾当局新领导人发表讲话，宣布了对两岸关系的有关政策。中共中央台办、国务院台办也于当天就两岸关系问题授权发表声明，阐述了我们中央对两岸关系的一贯立场。全国政协港澳台侨委员会坚决支持、完全赞同这一声明。我们认为，一个中国原则是两岸关系发展的基础和前提，也是中国和平统一的前提。在一个中国原则基础上进行两岸平等对话与谈判，是实现两岸和平统一的必由之路。台湾当局领导人采取模糊的政策，在讲话中回避一个中国的原则，采取倒因为果、颠倒前提的手法，模糊是非界限，显然是缺乏诚意的。是否接受一个中国原则是检验台湾当局领导人是维护国家主权与领土完整，还是继续顽固推行“台独”分裂政策的试金石。

一个中国原则是在中国人民捍卫国家主权和领土完整的正义斗争中形成的，具有不可动摇的事实和法理基础。台湾当局领导人的更迭绝不意味着就可

以否定一个中国的原则。台湾新领导人既然表示不搞“台独”，就不应当附加任何条件，就更不应当否认一个中国。一个中国原则是缓和两岸关系的唯一途径，如果台湾当局新领导人连一个中国都不承认，否认台湾是中国一部分的客观事实，两岸关系就只能倒退，两岸进行谈判的基础也就不复存在。我们多次强调，在一个中国原则下什么问题都可以谈。也就是说只要在一个中国的框架内，包括台湾方面关心的各种问题，都可以谈。台湾在国际上与其身份相适应的经济的、文化的、社会的对外活动空间，台湾当局的政治地位等，都可以在这个框架内，通过政治谈判，最终在和平统一的过程中得到解决。为推动两岸谈判，实现和平统一，祖国大陆进行了不懈的努力，在一个中国原则下作出重大让步，展现出极大的诚意。台湾当局新领导人如果真正为台湾2300万同胞的命运和前途着想，真正要改善两岸关系的话，就应该拿出实际行动，承认一个中国原则。只有这样，两岸关系才能改善和缓和，台湾海峡才有和平可言。

振兴中华、统一祖国，是包括台湾同胞、港澳同胞、海外侨胞在内的全体中国人的共同心愿，也是全体炎黄子孙的共同心愿。海外华侨华人期望祖国早日统一和更加强盛。在维护祖国统一，反“台独”、反分裂的斗争中广大华侨华人、归侨、侨眷发挥了重要的作用，是一支宏大的力量。我们相信，在今后反“台独”、反分裂、促统一的斗争中，海外华侨华人和归侨侨眷将发挥更大的作用。祖国统一是不可逆转的历史潮流，让我们共同携手为祖国统一早日实现而努力奋斗。

（2000年5月22日）

在开拓中全面推进政协港澳台侨工作

全国各省（区、市）政协港澳台侨工作经验交流会今天在浙江杭州开幕了。这次会议是在人类已经进入新的世纪和中国共产党第十六次全国代表大会即将召开的形势下举行的。会议的任务就是贯彻全国政协关于认真总结九届政协工作的指示，总结交流各地政协港澳台侨工作经验。现在我就全国政协港澳台侨委员会5年来工作的主要情况作一个发言。

一、主要工作概况

九届政协期间，正处于世纪之交，香港、澳门相继回归祖国，我国社会主义现代化建设事业全面推向21世纪的重要时刻。全国政协港澳台侨委员会高举邓小平理论伟大旗帜，全面贯彻江总书记“三个代表”重要思想，按照李瑞环主席的指示精神，在继承中发展，在开拓中前进，围绕中心，服务大局，根据自身特点，选好角度，发挥优势，加强合作，履行职能，较好地完成了各项任务，开创了全国政协港澳台侨工作新局面。

1.组织接待和重要活动，港澳台侨联谊工作取得新进展

接待方面，5年来，委员会共邀请、接待、安排领导会见港澳台侨来访团体、机构300余个，4300多人次。有18位副主席多次出席委员会组织的各项活动，给予了具体指导。台湾方面，与全国台联、全国台湾研究会等单位多次联合接待重要来访团组，如台湾“中国统一联盟”访问团、“海外知名台湾企业家经贸考察团”、台湾“立法委员”助理工会访问团。此外到政协来访的主要团组有：以李庆华为团长的台湾新党海峡交流访问团、台湾“立法委员”访问

团、台湾公职人员大陆参访团、台湾台南市议会参访团、以许历农为团长的台湾退役将领抗战史迹参访团、台湾“中华退伍军人协会”访问团、台湾“中华黄埔协会”访问团、台湾青商总会访问团、台湾新同盟会访问团、台湾公共事务管理学会访问团、台湾教育科技界人士访问团、台湾“中华海峡两岸企业交流协会”访问团。通过与台湾主要政党、团体、各界代表人士进行广泛接触交谈，有针对性地介绍了我对台方针政策，组织他们参观访问，增进了了解，取得了共识，收到了较好的效果。港澳方面，除联系港澳委员会外，委员会还广泛联络各界人士，接待来访的港澳团组，宣传介绍一国两制、港人治港、澳人治澳、高度自治的方针和人民政协工作。其中主要团组有：香港工商界人士访京团、以梁振英为团长的香港专业界人士访问团、香港东华三院董事局访京团、香港博爱医院董事局访京团、香港保良局董事会访问团、香港仁爱堂访京团、香港台大校友会访问团、澳门工商界访问团、澳门闽台总商会访京团、澳门澳葡政府公务员培训班学员、澳门高级公务员培训班学员。侨胞方面，5年来，先后接待了美国大华府华人专业团体联合会考察团和风险投资代表团、中国旅美专家教授访问团、美国华人知名人士访问团、澳大利亚青年企业家访华团、泰国华人工商考察团等。加大了对海外侨胞工作力度，拓宽了联谊渠道，增强了团结和凝聚力。委员会还接待了广东省政协港澳委员考察团在京的考察访问活动。组织港澳台侨人士参加国庆观礼，5年来邀请港澳台侨重要宾客450多人来京参加国庆观礼，在国庆50周年大庆活动中，还接待组织全体港澳委员出席盛大的观礼活动。

在涉外活动中，委员会还接待了格鲁吉亚议会移民和格鲁吉亚侨民事务委员会主席，韩国前驻华大使、现韩国侨民事务主管权炳弦，就侨民事务交换意见。

在组织重要活动方面，每年与国务院台办等7家单位联合举办江泽民主席发表关于发展两岸关系、推进祖国和平统一的八项主张大型纪念会议，与有关部门、党派、团体共同举办大型纪念会、座谈会、报告会及有关联谊活动30余场；为李瑞环主席考察访问香港活动做了准备工作；配合办公厅举办辛亥革命90周年纪念活动，邀请接待了70多名海外重要来宾。

此外，委员会办公室筹备、组织、办理了政协领导、办公厅领导、机关以及地方政协有关人员赴港澳出席活动、看望委员、参加培训以及有关人员赴台访问等活动300多人次。

2.加大对台工作力度，积极促进祖国统一

九届政协期间，委员会以对台工作为重点，采取请来大陆观光考察、走进岛内开展工作、参与“反独促统”活动、到海外去看望侨胞、关心大陆台资企业等五种形式，坚持不懈地做台湾人民工作，广泛团结台湾各界人士，宣传“和平统一、一国两制”的基本方针，致力于促进祖国和平统一。

积极邀请台湾各界人士来祖国大陆访问。5年来，委员会大力加强与台湾各界人士的交流，与台湾主要政党、团体、各界代表人士进行了广泛接触。组织来访台胞在大陆参观访问和进行座谈，有针对性地介绍“和平统一、一国两制”的方针政策，促进了解，增进友谊。委员会在对台工作中坚持不懈地做重点团组的工作，连续几年与全国台湾研究会共同接待台湾“立法委员”助理工会访问团，精心安排参观考察项目，与他们深入座谈交流，耐心地解惑释疑，使他们对祖国大陆的认识有了较大的变化。委员会还与全国台联连续两年共同接待“海外知名台湾企业家经贸考察团”，并通过他们做台湾籍人士的工作，取得了积极的效果。

走进岛内做台湾人民工作，是本届委员会对台工作的新进展。委员会领导结合各自业务交流活动，以不同名义赴台湾访问。我以中国矿业联合会会长名义率中国矿业联合会考察团，俞晓松副主任以中国国际贸易促进委员会会长名义率贸促会考察团赴台访问，实现了委员会领导首次赴台访问，将工作做到岛内。委员会办公室乐美真局长也以全国台湾研究会常务理事的身份，率团赴台访问。此外，我们还积极安排政协工作人员以宗教、民族、体育交流等形式参加有关团组赴台访问。访问期间本着“促进交往、加强合作、广交朋友、凝聚共识”的精神，与台湾工商界、学术界等方面人士广泛接触，做了大量工作，利用各种机会宣传大陆经济建设成就、对台方针政策，表明我们促进两岸经济、技术交流合作的愿望，坦诚交换意见，努力消除误解和疑虑。通过深入岛内做工作，实地了解台湾的情况和民意，巩固了与老朋友的关系，结识了许多新朋友，取得了良好的效果。

积极参与“反独促统”活动是委员会开展对台工作的一个重要内容。委员会与海协会、台湾“中国和平统一联盟”等6家单位还在深圳共同举办了“反‘台独’、促统一”大型研讨会，并在会上联合发表了“反‘台独’、保和平、促统一”共同声明，来自海峡两岸及港澳各界2000多人出席会议。这次会议在海内外形成了较大影响和声势。万国权、罗豪才、张克辉副主席在委员会领导陪同下，以“中国和平统一促进会”会长的名义，分别应邀出席了在德国、日本、澳大利亚召开的“全球华侨华人推动中国和平统一大会”，并发表重要讲话。委员会还应邀派代表赴巴西出席了“中南美洲推动中国和平统一大会”，宣传江总书记关于台湾问题的八项主张，并以此为指导，开展对台各项工作。这些大会围绕“坚持一个中国，坚决反独促统”的原则，有力地打击和震慑了“台独”势力。

到海外看望侨胞是本届委员会工作一个重要突破。九届以来，经政协领导批准，委员会积极组织小型团组到美洲、欧洲、澳洲、亚洲、非洲华侨聚居的20多个国家去看望侨胞，了解侨情，反映侨声。2001年，委员会与全国台联共同组团赴巴拿马、秘鲁、巴西等国访问，重点深入做海外华侨华人中的台湾同胞工作。首次顺利赴未建交国家巴拿马访问看望台胞是委员会工作的一个重要突破。通过对秘鲁的访问，对来自祖国大陆和台湾的侨团首次实现联合参加有关活动起了重要的促进作用。通过与往访国台胞进行较深入的接触，积极开展团结联谊工作，宣传解释我有关方针政策，不仅促进了来自两岸侨胞的团结，也有效地扩大了政协在祖国统一工作中的影响。

3.贯彻“一国两制”方针，积极为港澳委员参政议政创造条件

香港、澳门相继回归祖国之后，为配合中央总体部署，宣传贯彻“一国两制”方针，除举办大型纪念活动和接待来访的港澳团组外，我们从以下四个方面为港澳委员参政议政创造条件。

第一，及时传达常委会议精神。根据香港、澳门回归祖国后的新情况，我们努力探索全国政协与港澳特区全国政协委员联系的有效方式。自1998年始，我们通过组织港澳委员在深圳和珠海参加会议，请政协领导传达及办公厅领导赴港澳传达等方式，先后6次分别就农业和农村、环境与发展、西部大开发、国企改革和发展、防治土地沙化等诸多重点、热点问题，向港澳委员传达了常委会议精神，并听取委员意见。叶选平、陈锦华、霍英东、马万祺副主

席，郑万通秘书长、王巨禄副秘书长以及厉有为副主任、人口资源环境委员会张浛副主任先后参加过会议。这一活动深受港澳委员欢迎。他们表示，这种做法不仅能使港澳委员们及时知晓常委会议精神，了解国家有关重大方针政策和发展方向，对委员们更好地关心和投入国家的发展建设、积极参政议政具有重要作用，同时增加了港澳委员同全国政协领导直接联系、反映情况和交换意见的机会。

第二，组织委员参加专题报告会。组织港澳委员参加国家建设情况报告会是使港澳委员能更多地了解情况、知情明政、知情出力的一种重要形式。经与全国人大办公厅协商，在2001年1月和2002年1月，我们组织港澳委员参加了由国家计委、财政部、科技部、劳动和社会保障部等部委领导向港澳全国人大代表汇报情况会。参会委员对能够在“两会”前及时深入地了解国家经济运行和社会发展有关情况，并与人大代表一起就国家大事建言献策非常满意。此外，我们分别联系政协经济委员会、国务院西部开发领导小组办公室、外经贸部等部门有关负责人赴港澳，向港澳委员介绍中央关于西部开发的规划措施、介绍内地经济及金融的发展形势、介绍海峡两岸经贸交流与合作的情况；本委员会唐树备副主任赴香港介绍台湾岛内形势和中央对台方针政策。这些报告会对于他们了解国情，更好地履行参政议政职能创造了良好条件。

第三，组织委员到内地视察。视察是政协委员了解社情民意、履行职能的一种重要形式。5年来，委员会配合办公厅认真组织港澳委员先后赴15个省（区、市）其中大部分是中西部地区进行了观察。港澳委员就西部大开发战略的实际情况、民族地区经济发展、环境及旅游资源保护、教育发展、投资环境改善等问题，深入基层认真负责地考察了解，积极向各地政府建言献策，参与并推动港澳特区与内地省（区、市）的直接经济合作。根据港澳委员比较繁忙的特点，对视察工作作了适当调整，采取对一个省区面上的概略了解与重点地区、重点城市视察相结合的方式，充分利用有限的视察时间，以便于委员比较深入地了解该地区改革开放的主要情况，集中专题建言献策，受到了委员好评。张永珍、李东海、胡鸿烈常委，马临、邵友保、施子肖等委员在有关视察中还捐款支持西部民族地区教育文化事业的发展。

第四，加强日常联系与服务工作。我们利用每年参加港澳地区相关活动的机会，请办公厅或委员会领导赴港澳看望委员，介绍政协工作情况。在得悉港澳委员获得各种紫荆勋章和董建华先生再次当选港区特首时，我们及时向他们发函表示祝贺。董先生和委员们也都来函表示感谢。对委员会中的港澳委员，我们每年及时开会，向他们通报工作计划，听取他们意见，同时支持他们主办的各种活动，并在力所能及的情况下，为他们在内地开展业务活动排忧解难。通过以上工作，大大丰富了港澳委员的活动，同时也积极探索了在“一国两制”条件下联系港澳委员、为港澳委员服务的有效形式。港澳委员普遍反映，本届政协委员会活动丰富，形式多样，联系紧密，富有成效。

4.坚持“五个结合”，侨务工作在创新中发展

坚持“五个结合”是本届委员会侨务工作的重要特点，也是侨务工作取得重要成果的重要因素。这“五个结合”是：把做海外侨胞工作与做国内归侨工作结合起来，把做老华侨工作与做新华侨工作结合起来，把请进来做侨胞工作与走出去做侨胞工作结合起来，把联谊交友与推动侨胞为国服务结合起来，把广交朋友与宣传政协结合起来。

走出去做侨胞工作是本届委员会的一个重要突破。委员会根据中央有关“侨务工作的重点在海外”的指示精神，加大了“走出去、请进来”的力度，开展丰富多样的海外联谊活动。在继续扩大邀请海外侨胞回国访问的同时，先后有计划地赴亚洲、非洲、欧洲、美洲、大洋洲访问侨胞聚集区的21个国家，并首次深入到未建交国家看望侨胞。通过访问，与各国的侨胞包括台胞社团进行广泛接触并建立起联系。委员会通过慰问侨胞，考察侨情，听取海外侨胞的意见与建议，从政协角度积极开展海外统一战线工作，在团结海外华侨华人增强侨胞的向心力和凝聚力方面收到了很好的效果。

加大对新华侨华人的工作力度是本届委员会工作的一个重要特点。改革开放以来，海外新华侨的队伍在迅速壮大。他们既继承了老华侨爱国爱乡的光荣传统，又具有较高的知识层次、较强的活动能力和旺盛的创业精神，在西方经济不太景气而中国经济快速发展的形势下，他们迫切希望与祖国加强联系，并希望为国效力和在国内求发展。根据这个情况，委员会本着“不忘老朋友、广交新朋友”的原则，在重视老华侨工作的同时，加大了对新一代华侨华人和专业人士的工作力度。引导他们发挥专业学识为国内经济社会发展和政协工作

建言献策。在委员会的帮助下，有的为国内技术项目出谋划策、提供投资，有的与有关部门签订了一批高科技项目，有的到有关部门和高等院校授课、演讲和交流业务，受到了有关部门的热烈欢迎。这样做既巩固了与老华侨之间的友谊，又广交了一批新华侨，对于扩大海外统一战线起了积极的促进作用。

为侨胞开辟为国服务的新途径是本届委员会工作的一个重要进展。九届政协期间，我们注意把联谊交友与推动侨胞为国服务结合起来进行工作。由于祖国经济建设的突飞猛进和国际地位的不断提高，以及侨胞自身事业的发展进步，很多侨胞日益关心祖国建设事业的发展，表现出为国服务的强烈愿望。根据这一新情况，委员会在继续深交朋友扩大联谊的同时，积极探索新的工作方式，以深化海外联谊工作并拓展华侨为国服务参与国家大事的新渠道。5年来，我们除牵线搭桥促进侨胞参与祖国建设外，还从组织海外侨胞围绕常委会中心议题建言献策和邀请海外侨界代表人士列席政协大会两个方面为侨胞开辟了为国服务的新途径。第一，组织海外侨胞建言献策，参与讨论国家大事。委员会根据每次常委会议的中心议题，如中国农业发展、环境保护、国企改革与发展、西部大开发、“十五”计划和未来发展以及防治土地沙化、实施九年制义务教育、解决城市困难群众生活、关注资源枯竭型矿城等中心议题，约请海外专家学者撰写文章，举办海外专家学者座谈会，征求他们对常委会中心议题的意见和建议，然后将这些建议汇编成册报送常委会议以及中央有关领导和部门参阅，其中部分建议通过《参政议政动态》摘编报送，受到中央领导和国务院有关部委的关注。温家宝副总理曾在一份有关农业问题的建议上作了充分肯定，认为海外学者对发展中国农业的许多意见值得重视，他要求农业部会同科技、教育等部门共同研究，提出深化农业科技改革、促进农科教结合的具体方案和措施。第二，邀请部分侨胞代表列席政协大会。从九届四次会议开始，邀请了部分海外华侨列席政协大会。列席代表中有老一代华侨，也有改革开放后走出国门的新一代华侨中的代表人士。华侨代表列席政协大会在当地华侨中引起强烈反响。体现了祖国对海外侨胞参与国是的重视与关怀。会议期间，安排他们列席各次全体会议和部分委员小组会议，讨论政府工作报告、政协常委会工作报告等一系列会议文件，全国政协和委员会领导直接听取他们的意见。为使这一工作规范化，我们会同有关方面拟出了《海外华侨列席政协全国委员会全体会议的暂行办法》，对列席华侨的条件、列席华侨的产生办法、列席会议的有关规定等作出具体要求。政协九届五次会议依据《暂行办法》的规定，扩大了华侨列席会议的范围和人数。两年全会共邀请了来自15个国家的26位华侨列席政协会议。

为侨服务，依法保护归国华侨、侨眷的权益是本届委员会工作的又一重要内容。几年来，委员会积极配合全国人大华侨委员会、国务院法制办等部门，组织侨界委员多次认真学习、讨论并参与修改《中华人民共和国归侨侨眷权益保护法》，组成多个专题调查小组连续几年赴归国华侨生活较集中的地区深入调查，听取侨声，了解侨情，反映侨意，为《保护法》的修改和完善提出了一些具有建设性的意见。为推动依法维护归侨侨眷切身权益的工作委员会积极参与中央“五侨”单位联合行动，连续两年赴广东、广西、云南华侨农场慰问归侨侨眷，深入调查。通过与财政部等国务院部门近一年的积极沟通，中央对有关华侨农场各项经费的缺口均有所增加和补助。此举在侨界引起强烈反响，深受华侨农场职工和家属的称赞。

5年来，在开展侨务工作过程中，无论在国内还是在国外，我们始终坚持把交朋友与宣传政协结合起来。宣传中国共产党领导下的多党合作和政治协商制度，使海外侨胞对中国的民主政治制度有了进一步的了解。委员会在出访中还注意及时反映海外侨胞的意见，解决他们的实际问题，如帮助加拿大侨胞解决制作国旗经费，组织国内出版社向南非华人子弟学校捐书，帮助侨胞处理国内投资纠纷等问题，扩大了政协的影响，受到海外侨胞的赞誉。

5.突出特点，精心安排，专题调研工作深入进行

本届政协期间，委员会紧密围绕党和国家中心工作，配合中央港澳工作、对台工作和侨务工作部署，深入开展了一系列专题调研活动。为了搞好调研，我们注意这样四点：一是优选调研课题，二是精心组织调研，三是认真编写报告，四是关心调研效果。

第一，优选调研课题。为了选好调研课题，我们每年首先到港澳台侨、政府部门那里了解情况，征求他们的意见，看看有哪些重要问题需要政协来进行调研。在此基础上，我们从委员会自身的特点和优势出发，坚持量力而行和少而精的原则，先后深入福建、广东、广西、海南、江苏、山东、河南、北京等十多个省（区、市）就港澳台侨资企业状况、海峡两岸文化交流情况、台商在祖国大陆投资情况、海峡两岸农业合作试验区情况、港澳台侨人士在内地兴办高等教育情况、海峡两岸电子信息产业合作情况、海外留学人员回国创业情况、台商子女在大陆就读和台湾青年在大陆学习情况、归侨侨眷权益保护法执行情况等进行了调研，形成了调研报告7份，简报2份。

第二，精心组织调研。调研课题确定之后，为保证调研顺利开展，取得成效，委员会采取四项措施对调研进行精心组织。一是制订周密的调研计划和调研提纲，并向调研地区政协和有关方面通报。在进行台商在祖国大陆投资情况调研时，委员会首次尝试用定量分析的方法，编制了调查问卷和系列调查项目，联合各地政协和民革中央、台盟中央、全国台联共同调研，并将各地调研情况和回复的问卷等进行定量分析，综合整理，形成调研报告。二是发挥委员的主体作用，根据专题的内容，组织熟悉有关方面业务和情况的委员参加调研。三是邀请全国政协副主席、相关部委领导、有关专家学者以及地方政协委员参加，或与民主党派和有关地方政协、有关委员会联合等多种方式进行调研。四是调研组出发前请相关部门的同志介绍有关情况和方针政策，这点非常重要。

第三，认真编写报告。实地调研结束后，调研组通过对调研材料深入分析研究，并与有关部委进行座谈和交换意见，形成有情况、有问题、有建议的调研报告报送中央、国务院有关领导和部门。5年来，委员会在多项调研报告中提出的有关意见建议，受到了中央、国务院有关部委的重视，对中央有关具体政策、规定的调整，促进有关问题的解决起到积极作用。其中，对港澳台侨人士在内地兴办高等教育的调研报告中提出的有关建议，李岚清副总理非常重视，作出重要批示，教育部领导进行了认真研究并正在采取积极措施予以落实。此外如华侨专业人士回国创业往返签证问题、允许兴办学校解决台商子女入学等许多问题也都得到了妥善解决。

第四，关心调研效果。调研的目的不仅是从履行职能这个角度写了报告上报就算完成了任务，而是要促进问题的解决。为此，在调研报告上报后，还将报告中特别重要又急需解决的问题以大会发言、提案、信息等形式向中央和国务院有关方面反映，有时还以专委会领导的名义写信向中央和国务院有关部门领导反映情况和意见。这样做促进了一些问题的解决，收到了较好的效果。

二、主要工作体会

通过5年的实践，在开展与搞好人民政协港澳台侨工作过程中，我们有以下几点主要体会。

1.明确指导方针

明确指导方针是总揽全局、推进工作的重要前提。为此全国政协港澳台侨委员会在5年实践过程中，在专委会的各项活动中，始终以邓小平理论和江总书记“三个代表”重要思想为指导，以《政协章程》为行为准则，以中央关于港澳台侨工作的方针政策、江总书记在人民政协成立50周年纪念大会上的重要讲话和李主席一系列重要讲话精神为依据，从港澳台侨工作的特点和实际出发，明确以“加强交流、增进友谊、扩大共识、发展合作、促进统一”的“二十字工作方针”作为委员会的具体工作方针，使政协港澳台侨工作得以顺利推进并有了新的发展。

5年来，我们体会到，为了有效地开展港澳台侨工作，在中央总的方针指导下，还应该把中央总的方针与本委员会的实际科学地结合起来，提出具体的行动指导方针和原则。为此，我们认真地分析了新时期三大任务对本专委会的要求。认真分析了本委员会的特点和优势，认识到港澳台侨委员会的具体任务是做港澳台侨人士的团结联谊工作的，是为港澳台侨人士服务的，是为实现新时期国家三大任务做促进工作的。所以在九届政协开局之年，我们提出了“加强交流、增进友谊、扩大共识、发展合作、促进统一”的“二十字工作方针”。5年来，我们自觉用这一方针原则，安排计划，策划活动，联谊交友。实践证明，委员会提出的这一方针不仅促进了广大港澳台侨人士的团结，增强了祖国同港澳台同胞和海外侨胞的凝聚力，进一步巩固与促进拥护社会主义的爱国者和拥护祖国统一的爱国者这一最广泛的政治联盟的发展，使人民政协的港澳台侨工作更具特色和实效，而且对发挥港澳台侨人士在参与祖国现代化建设、发展我国与各国友好合作和祖国统一大业中起了积极的促进作用。

2.突出两大主题

江泽民总书记在庆祝人民政协成立50周年大会上的讲话中指出：“在中国共产党领导下实行团结和民主，是人民政协性质的集中体现，是人民政协产生和发展的历史根据，是人民政协继往开来的方向和使命。这两大主题应继续贯穿于人民政协的全部工作中。”明确团结和民主是政协两大主题，是对毛泽东和邓小平关于人民政协理论的继承和发展，对于人民政协事业在新世纪的前进发展，具有重要的指导意义。委员会十分明确地把最大限度地团结一切可以团结的力量作为工作的出发点和落脚点。为促进大陆同胞同港澳台侨胞的团结，为促进海内外中华儿女的团结，委员会注意从三方面开展工作。

第一，积极主动地为港澳台侨胞谋利益，这也是实践“三个代表”重要思想的要求。5年来，委员会的专题调查始终围绕港澳台侨人士在祖国大陆投资经商、回国创业、捐资助学、权益保护等课题，循序渐进，步步深入，通过各种途径了解他们的境况、关心他们的困难、反映他们的呼声，为他们参与国家建设创造更为良好的环境。

第二，注意办实事，力所能及地为港澳台侨人士排忧解难。5年来，很多港澳台侨胞向我们反映他们在大陆投资、经商、办学等过程中遇到的一些困难和问题，我们都认真加以听取，并向有关方面反映，尽力为他们排难解忧。例如，为促进落实港澳委员的提案，我们邀请了以香港委员为主体的香港工业界人士代表团来京访问，安排他们就国企改革、下岗再就业及社会保障体制等问题与国务院有关部委进行座谈，吴邦国副总理听取了他们意见和建议。我们还与提案委员会联合举办座谈会，组织港澳委员与外经贸部等十几个部委负责同志交换意见。我们与提案委员会在深圳召开现场会，促使海关等单位研究改进口岸工作的办法。这些工作使港澳委员的意见得到重视，也进一步发挥了他们的作用。又如，1998年我们在深圳开展台商在祖国大陆投资情况的调研时，一位在广西投资的台商专程赶到深圳，向我们反映他在广西遇到的土地使用权纠纷问题。我们经过了解情况并向国土资源部等有关部门反映，通过多方努力，最终使事情得到圆满解决。1999年我们在台湾访问时，一位台胞希望我们帮助他解决在山西投资办矿遇到的困难，我们回到大陆后立即通过中国矿业联合会派员与山西国土资源部门联系，使矿业权纠纷很快得到妥善解决。由于帮助他解决实际问题，台商们非常感激。台商在台湾岛内的所属组织领导人几次到政协和写信来表达他们的感激之情。类似这样的例子，在全国政协和各地政协都还有很多。通过办这些具体的事情，帮助他们解决实际的问题，使我们赢得了广大港澳台侨界人士的充分信任，产生了良好的社会影响。此外，在协助政府招商引资、化解矛盾、理顺情绪等方面也做了大量富有成效的工作。

第三，广交朋友，增进友谊，对于凝聚人心、促进团结具有重要意义。这一方面我们采用“请进来、走出去”等多种形式，既继续深交老朋友，又广交新朋友。通过广泛接触，增进了解，沟通感情，消除隔阂，对于加强团结起到了促进作用。在团结新老华侨方面都取得了明显的成效。如，旅居秘鲁来自台湾和大陆的侨团几十年来都互不往来，以我们的访问为契机，使他们团结起来，工作取得了很好的效果。

为了实践民主这一主题，我们注意这样两点。

第一，在交友联谊过程中，倾听港澳台侨人士的意见和呼声。委员会始终注意把履行职能的过程当作发扬社会主义民主的过程，无论是委员参加的各种活动，还是在与港澳台侨人士交往的过程中，都注意营造互相尊重、以诚待人的民主、团结的良好氛围，虚心听取并反映港澳台侨人士的意见和呼声。

第二，组织港澳台侨人士建言献策。为此我们还采取两项措施，一是组织港澳台侨人士围绕国家大事和常委会议题献计献策，并将他们的建议和论文报告整理印发常委会议参考和上报中央有关部门；二是邀请部分海外侨胞人士列席政协大会。这样做畅通了港澳台侨人士和中国公民行使民主权利、参政议政的渠道，创造了港澳台侨人士参与国是、贡献才智的空间，使我们能够袒露心声，畅所欲言，直抒胸臆，充分体现了人民政协是我国发扬社会主义民主的重要渠道这一特点。

3.把握“六个关系”

人民政协的港澳台侨工作，涉及诸多方面关系的协调与处理，是一个复杂的系统工程。这些关系处理得是否得当，工作思路是否清晰，直接影响我们工作能否有序、有效、有为地开展。李瑞环主席一贯强调，政协工作要找准位置，扬长避短，尽职而不越位、帮忙而不添乱、切实而不表面。根据这一精神，我们于2000年12月在全国各省（区、市）政协港澳台侨工作经验交流会上，提出开展人民政协港澳台侨工作要正确把握好“六个关系”：

第一，围绕中心，服务大局，把握好人民政协港澳台侨日常工作与党和国家中心工作之间的关系。港澳台侨委员会日常业务非常繁忙，仅接待港澳台侨人士这一项的任务就非常繁重。在此情况下委员会始终坚持围绕中心服务大局这一原则，妥善处理日常业务工作与党和国家中心工作之间的关系，密切结合当时形势需要，把主要精力用到为国家工作大局服务上来。

第二，找准位置，选准角度，把握好人民政协港澳台侨工作与中央港澳台侨总体工作之间的关系。港澳台侨工作是中央实行集中统一领导、政治性和政策性都很强的一项工作。这项工作涉及很多部门，政协港澳台侨工作是其中一部分，不能代替其他侨务部门的工作，更不能另搞一套，只能在中央统一部署下，从政协的特点和优势出发来开展。几年来，我们主要从三方面开展工作，一是把团结联络工作放在突出位置；二是为港澳台侨胞提供广阔的为国服务和参政议政空间；三是力所能及地为港澳台侨胞办点实事，为他们在国内创业牵线搭桥和排忧解难。

第三，统筹安排，突出重点，把握好人民政协港澳台侨四方面工作之间的相互关系。港澳台侨四方面工作都是党和国家的重要工作，委员会注意对四方面工作加以统筹安排与具体部署，使每个方面工作都能获得发展。同时，又根据不同时期的形势选准重点，集中主要精力加以推进。如港澳回归前夕，我们重点开展与回归有关的各项工作。港澳回归之后，就以对台工作为重点。根据改革开放以来新华侨华人迅速增加的新形势，我们又加强了对新华侨华人工作的力度。根据台湾岛内的形势变化，我们又抓住旅居海外台胞思想波动的机遇，加强了海外台胞的工作。

第四，牵线搭桥，寓虚于实，把握好交朋友与办实事的关系。人民政协港澳台侨工作在很大程度上是做团结人的工作。为了加强团结、巩固与扩大爱国统一战线，在日常工作中一方面力求广交朋友，深交朋友，另一方面又在力所能及的条件下多办实事，为港澳台侨胞排忧解难。

第五，扬长避短，互补优势，把握好港澳台侨委员会与其他专委会和地方政协专委会之间的关系。港澳台侨委员会与其他专委会一样，都集中了一批能处理相关事务的、具有高水平的委员。但是由于很多事物往往涉及很多方面并具有内在联系，所以我们在日常工作中注意与其他专委会、与地方政协和民主党派的合作，争取他们的支持，这对于顺利开展工作、出色完成任务具有重要意义。

第六，勤奋学习，努力工作，把握好完成工作任务与提高自身素质之间的关系。港澳台侨工作任务繁重，不努力不行。但是，由于港澳台侨工作又是一项政策性很强的工作，所以又要注意通过加强培训学习与总结经验，以提高委员和工作人员的自身素质、服务和工作水平。

5年来的实践证明，委员会提出的“六个关系”，对理清工作思路、指导我们工作的顺利开展，发挥政协港澳台侨工作的独特优势、促进工作水平的提高起到了十分重要的作用。

4.发挥协作优势

港澳台侨工作是党和国家总体工作中的一个重要组成部分，不仅任务重，而且涉及面广。所以要做好这项工作除相关单位从各自角度作出努力外，还应加强协作，发挥联合优势。李主席在2000年12月26日接见出席全国各省（区、市）政协港澳台侨工作经验交流会的代表们时强调指出，“港澳台侨工作涉及诸多部门和单位，各个方面开展工作一定要体现特点，选好角度，发挥优势，加强相互合作”。5年来，我们与全国人大华侨委员会、国务院侨办、致公党中央、中国侨联建立了“五侨”领导联席会议制度，定期就有关工作进行会商和相互通报，使中央各涉侨单位紧密合作，就海外留学人员回国创业情况、港澳台侨人士在国内兴办高等教育情况进行联合调研，联合组团参加海外华侨华人举行的“反独促统”大会，先后联合举办了喜迎澳门回归祖国、为西部大开发服务、支持北京申奥、声讨李洪志及其邪教“法轮功”、赴华侨农场慰问归国难侨等活动，形成了“五侨”互相支持、资源共享、优势互补、团结合作的格局，推动了各涉侨部门工作的协调发展。

根据“五侨”联席会议制度的经验，为加强中央有关涉台工作部门的协调配合，以联合优势进一步推进对台工作，2000年年初，我写信向中央建议，参照“五侨”联席会议的做法，建立全国政协港澳台侨委员会、中央台办、中央统战部、民革中央、台盟中央、全国台联等单位参加的“六台”联席会议制度，钱其琛副总理批示同意，中央台办也表示支持。至今已召开6次由各单位主要负责同志参加的会议，使各单位及时了解海峡两岸关系情况，准确把握中央对台工作方针政策，紧密配合中央部署，加强工作的协调合作，发挥了联合优势，有力推动了对台工作的开展。

委员会还积极配合支持地方政协相关委员会和有关部门的活动，加强协作，联合举办一系列主题活动。如，委员会参加并联合主办了“海峡两岸漳州花卉博览会”“海外华商与中国企业深度合作大会”沿黄河八省（区）赴港“黄河风情展”“江门侨乡国际旅游节”“首都侨界新春音乐会”等活动，委员会还参加了世界华商大会、世界华商华人社团联谊大会、山东海外百名博士创新周、海南华侨农场建场50周年等活动。这些协作使各地政协的整体优势得到发挥，也加强了委员会与各地政协相关委员会的联系。

5.勇于开拓创新，在开拓中前进

九届政协经历的5年，是国际国内形势日新月异的5年。世界多极化、经济全球化、科技信息化、社会生活多元化的发展，已使我们工作联系的对象——港澳台侨胞在各个不同生活领域和社会阶层上都不断发生着多方面的变化。港澳台侨胞和海外华侨华人在生存发展、经济活动、思想观念、生活方式、利益需求等各方面都呈现出许多新的特点。面对这样一个新的形势，要求我们委员会解放思想，实事求是，开拓创新，与时俱进，需要我们适应时代的新发展和港澳台侨情况的新变化，用新的思想观念、新的思维方式、新的联谊方法去做好港澳台侨工作。

在这一思想指导下，我们在工作思路和工作方法方面进行了一系列探索与开拓创新。其中，主要有这样几个方面。第一，在工作方针方面确立了“加强交流、增进友谊、扩大共识、发展合作、促进统一”的“二十字工作方针”；第二，在工作思路方面明确了要把握好“六个关系”，处理好“六个关系”；第三，在工作领域方面开拓了海外侨胞工作，开拓了新华侨工作，开拓了未建交国家华侨工作，开拓了海外侨胞为国服务的新途径，开拓了进岛内做台胞工作的工作；第四，工作方法方面开拓建立了“五侨”“六台”联合协作开展侨务工作和对台工作的新机制。此外，还有许多工作都是本届政协港澳台侨工作的新尝试。这些新做法在以前政协工作中是没有“惯例”的，也无经验可循，但它使我们的工作跟上了社会发展的新变化，满足了团结对象的新要求，适应了自身建设的新挑战，体现了与时俱进的新特点。我们要不断总结经验，不断探索政协港澳台侨工作的新路子。

6.提高队伍素质

政协九届一次会议以来，我们清醒地认识到，随着形势的变化、人民政协事业的发展及港澳台侨工作面临的新情况、新特点，要求我们要下功夫建设一支政治觉悟高、思想观念新、业务能力强、服务热情高的干部队伍。把努力学习、加强培训、提高素质作为新一届政协港澳台侨工作开创新局面的保障手段抓紧抓实。为此，我们采取了三项措施。

第一，认真组织学习。组织委员和办公室工作人员参加委员会和办公厅举办的各种形式的学习活动，认真学习党的三代领导核心对人民政协性质、地位、任务和港澳台侨工作的重要论述，学习中央的指示和有关方针政策，使委员会工作能保持正确的政治方向。

第二，不断总结交流经验。5年来，委员会先后3次组织召开了各省（区、市）政协港澳台侨工作经验交流会，深入研讨、交流新时期做好港澳台侨工作的方法经验，对实际工作中遇到的各种问题和困难，提出积极有效的建议。李瑞环主席、孙孚凌、万国权、罗豪才、张克辉副主席分别接见与会代表并作了重要讲话，国务院台办、港澳办、侨办、外交部等部门领导同志应邀作了有关情况报告。各地政协反映，这样的会议既交流了经验，用经验推动工作，又密切了各地政协相关委员会之间的联系，是本届委员会的一大特色。

第三，举办干部培训班。2001年委员会还举办了全国各省（区、市）政协港澳台侨干部培训班，130多人参加学习。罗豪才副主席出席开幕式并作重要讲话，全国人大华侨委和国务院有关部、委、办负责人应邀到会介绍情况。培训班的举办，深受各地政协的重视和欢迎，参加者普遍反映受益匪浅，对最新的国际形势、港澳台侨情况和有关政策有了比较系统的了解。实践证明，这种学习培训对于全国各地政协的港澳台侨干部队伍素质的提高起到了重要的促进作用。通过举办培训班也加强了各地政协相关委员会的联系与合作，交流了工作信息和经验。为进一步推动工作，委员会还不定期地将各省（区、市）政协的有关工作经验材料编辑成册，及时印发，并将在日常了解到的港澳台侨最新政策、形势和有关情况及时编印成《港澳台侨情》下发，本届5年已发60期，受到各省（区、市）政协相关委员会的热烈欢迎。

（2002年9月17日）

政协港澳台侨工作在开拓中前进

江泽民同志在党的十六大报告中指出："创新是一个民族的灵魂，是一个国家兴旺发达的不竭动力，也是一个政党永葆青春的源泉。"这是报告对党的多年实践经验的总结。回顾政协九届港澳台侨委员会组成以来的实践，对此我们有深刻的体会。正是根据李瑞环主席关于"在前进中开拓、在开拓中前进"的指示，解放思想，实事求是，与时俱进，不断开拓创新，使港澳台侨工作在以下八个方面获得新的进展。

一、确立了工作原则

九届开始，我们明确指出专委会的工作指导是，要以邓小平人民政协理论和江泽民同志为核心的第三代领导集体制定的各项方针政策作为总的指导思想，要以人民政协章程有关港澳台侨工作任务的规定作为我们行动的准则。与此同时，我们还认为，在总的指导思想和政协章程指导之下，还应从港澳台侨委员会的实际出发，确定一个具体的工作原则，来明确我们的任务，规范我们的行为，指导我们的行动。基于这种认识，我们考虑，团结、民主是人民政协的两大主题，新世纪三大任务是我们应该为之服务的大局，而港澳台侨委员会按章程规定是负责加强与港澳台侨胞联系和团结，鼓励他们为保持港澳稳定，积极参与祖国建设和统一祖国大业作出贡献这样的任务。于是我们提出"加强交流、增进友谊、扩大共识、发展合作、促进统一"的"二十字工作方针"。因为只有加强与港澳台侨人士的交流，才能增进政协与他们的友谊；只有通过加强交流、增进友谊，才有可能在更多问题上达成共识；共识多了，就有可能对发展合作，促进祖国建设和统一大业产生积极的影响，就有可能对实现三大任务起到促进作用。5年实践证明，这“二十字工作方针”是符合实际的，行之有效的。对此，叶选平副主席在政协九届常委会第19次会议的报告中也作了肯定。

二、扩大了工作领域，走出去做侨胞、台胞工作是本届委员会工作一个重要进展

6年来，我们根据国际、国内形势的变化，利用有利时机，不断扩大了工作领域。由于我国外交工作的进展，对外开放的扩大和海外华侨迫切希望加强与祖国联系的要求，我们在继续坚持把港澳台侨人士请过来做工作的同时，积极组织小型团组走出去，到世界各地华侨华人较多的国家去慰问侨胞、了解侨情、听取侨声、反映侨意；走进台湾岛内去做台胞工作，并积极参加全球华侨华人“反独促统”的各种活动。这样做既加强了与港澳台侨胞的联系，又扩大了人民政协在台胞和海外侨胞中的影响。

三、促进了中央涉侨、涉台单位的协作

李瑞环主席在接见全国各省（区、市）政协港澳台侨工作经验交流会的代表们时指示：“港澳台侨工作涉及诸多部门和单位，各个方面开展工作一定要体现特点，选好角度，发挥优势，加强相互合作。”5年来，我们与全国人大华侨委员会、国务院侨办、致公党中央、中国侨联建立了每季度一次的“五侨”联席会议制度，定期就有关涉侨工作进行会商与互通情况；在组织侨胞参加国庆观礼、支持北京申奥、支持西部大开发、批判“法轮功”和到华侨农场等地调研等一系列涉侨重大活动中进行工作协调，采取统一行动，形成了“五侨”互相支持、资源共享、优势互补的格局，推动了涉侨部门工作的协调发展。根据“五侨”联席会议制度的经验，为加强中央涉台工作部门的协调配合，以联合优势进一步推动对台工作，我们又写信向钱其琛副总理和中央台办建议，参照“五侨”协作的经验，建立涉台单位的联席会议制度，此项建议很快得到钱副总理批示同意。在中央台办的支持下，由中央台办、中央统战部、民革中央、台盟中央、全国台联和全国政协港澳台侨委员会六家主要负责同志组成的

“六会”联席会议制度已经建立起来，并已召开了6次会议，使各单位及时了解海峡两岸关系情况，准确把握中央对台工作方针政策，紧密配合中央对台工作部署、加强工作的协调合作，有力推动了对台工作的开展。

四、开辟了侨胞参政议政的新渠道

为侨胞开辟为国服务、参政议政新渠道是本委员会工作的一个重要选择。由于我国经济建设的突飞猛进和国际地位的不断提高，以及侨胞自身事业的发展进步，很多侨胞日益关心祖国建设事业的发展，表现出为国服务和参与国家大事的强烈愿望。根据这一新的情况，委员会积极探索新的工作方式，创造条件以深化海外联谊工作并拓展华侨为国服务的新渠道。这一方面有两项新的进展，第一，组织海外侨胞建言献策，参与讨论国家大事。委员会办公室根据每次常委会的中心议题，如中国农业发展、环境保护、国企改革、西部大开发、“十五”计划以及土地防沙化、实施九年制义务教育、关注资源枯竭型城市转型等中心议题，约请海外华侨中专家学者撰写文章，举办海外专家座谈会等形式，征求他们对常委会议题的意见和建议。形成了一系列文件报送常委会参考及中央有关部门参阅，受到中央领导、有关部门和常委们的高度重视。温家宝同志曾对一些关于农业问题的建议作了充分肯定，并指示要求农业、科技、教育等部门研究采取吸纳有关建议的具体措施。当海外华侨获知温家宝副总理如此重视后，受到很大鼓舞，进一步调动了他们参与国家大事的积极性。第二，邀请部分侨胞列席政协大会。九届四次大会和五次大会共邀请了来自15个国家的26位在华侨中有一定影响和代表的人士列席大会，安排他们列席政协全体会议和部分委员小组会议，参与讨论国务院总理所作的政府工作报告、政协常委会工作报告，政协领导和委员会领导与他们一道进行座谈，听取他们的意见，这样做，在华侨中引起了强烈的反响。侨胞感到祖国对他们更亲了，他们和祖国更近了。

五、为港澳委员履行职能服务形式有了新发展

香港澳门回归祖国之后，如何在“一国两制、港人治港、澳人治澳”方针原则下，做好为港澳委员履行职能服务，是新形势向我们提出的一个新课

题。对此，我们积极进行了探索，在这方面除加强与委员们日常联系和组织他们到内地视察外，我们还采取及时向委员传达常委会精神和组织委员会参加专题报告会两种新的形式扩大为委员服务。自1998年开始，在办公厅的支持下，我们通过组织港澳委员在深圳和珠海参加会议，请政协领导、办公厅领导和委员会领导向他们传达常委会精神。2001年1月和2002年1月，我们还组织港澳委员参加了由国家计委、财政部、科技部、劳动和社会保障部等部委领导向港澳全国人大代表汇报情况会。这两种做法深受港澳委员欢迎。他们认为这样做能使他们及时了解常委会议精神，在“两会”能及时了解国家经济运行和社会发展情况，对于他们参加好政协大会、更好地履行职能很有帮助。

六、加强了与地方政协的联系

全国政协和地方各级政协的工作目标是一致的，是一个整体的不同组成部分，所以在开展工作过程中加强与地方政协的联系和合作是非常重要的。为此，我们委员会采取了四项措施，一是举办全国地方政协干部培训班，认真学习党的三代领导人对人民政协的性质、地位、任务和港澳台侨工作的重要论述，请政协领导、全国人大华侨委、国务院侨办、外交部等有关部委负责同志到会作报告，介绍有关方针政策情况，对于提高干部理论水平很有帮助。二是召开两次全国地方政协港澳台侨工作经验交流会，深入探讨与交流新时期各地在工作实践中积累的经验和遇到的各种困难与问题，商讨解决问题推进工作的对策措施。李瑞环主席于2000年12月26日还亲自接见了参会代表，作了重要讲话，既肯定了港澳台侨工作成绩，又对今后工作提出了希望与要求，使到会同志受到很大的鼓舞。三是与有关地方政协联合开展活动和支持地方开展活动，如参与举办福建漳州海峡两岸花卉博览会、云南海外华人联谊会、沿黄河八省（区）赴港“黄河风情展”、支持广东江门举办华侨国际旅游节、与厦门政协联合举办华商深度合作大会等，既加强了与地方政协的联系，又拓展了工作领域。四是委员会办公室先后编发了60期《港澳台侨情》简报下发各地政协，让他们了解更多的情况。

七、界别活动形式有了新发展

全国政协目前有34个界别，每年全国大会期间以界别为单位开展活动，履行政协职能，在大会结束之后，界别一般就没有什么活动，对此不少委员反映希望研究与拓展界别委员活动的新形式。九届五次大会期间，侨界委员们又提出了这个问题。根据侨界委员们意见，委员会与中国侨联商定，组成以罗豪才副主席为首的侨界委员视察团到福建视察侨情。侨界委员对此种做法反映很好，希望以后以界别为单位多组织委员进行一些活动。

八、积累了一些工作经验

5年来，在工作实践中，经过不断探索，逐步积累了港澳台侨委员会的工作经验，形成了一套工作思路。归纳起来，就是要处理好六个方面的关系。

第一，正确处理党和国家的中心工作与委员会日常工作的关系。既要做好日常事务工作，更要以主要精力做好围绕中心服务大局的工作。

第二，正确处理委员会港澳台侨工作与中央其他港澳台侨部门工作之间的关系。我们坚持以中央有关港澳台侨工作总的方针为指导，站准位置，选好角度，发挥委员会的特点和优势开展力所能及的工作。做到尽职而不越位，帮忙而不添乱。

第三，正确处理委员会本身港澳台侨四方面工作之间的关系。我们坚持在每个时期既统筹安排，又要根据不同时期情况突出重点，把工作推向前进。

第四，正确处理交朋友与办实事之间的关系，把交友联谊与办实事结合起来。政协工作就是要联系人、团结人。我们认为，通过联谊交友，可以巩固与扩大统一战线，在力所能及的范围内为港澳人士多办实事，同样能进一步增进团结，增强对祖国的向心力和凝聚力。

第五，正确处理委员会与其他部门之间的关系。在工作过程中我们既注意发挥委员会本身的主观能动性，又要发挥与其他部门的联合协作优势，实现优势互补，把工作做得更好。

第六，正确处理完成任务与自身学习的关系。我们坚持既要出色完成日常工作任务，又要在繁忙工作过程中注意采取多种措施不断提高委员和办公室人员的自身素质。

回顾5年来专委会的工作，虽有一些进展，但是还有不少应该做还没有做好的工作。叶选平副主席在政协九届常委会第19次会议提出的三个如何，即：如何在“一国两制”的条件下做好联系、团结港澳各界人士的工作？如何因应台湾岛内局势变化联合广大爱国台胞促进两岸统一？如何把海外一切中华儿女的爱国之心引导到为实现祖国的完全统一和振兴中华而奋斗上来？这是需要港澳台侨委员会今后认真加以研究与回答的问题，也是港澳台侨委员会今后需要完成的光荣而又繁重的任务。

（2002年12月4日）

随感·报道

媒体报道

把先进技术应用到找矿中去
挖掘资源潜力 增长有效储量

李道桴 萧体焕

我国地质矿产部门的工作面临着新形势，地质找矿工作进入一个新阶段。地质矿产部新任部长朱训说，经过地质工作者的辛勤劳动，证明我国矿产种类比较齐全，配套程度比较好，相当一部分矿产探明储量比较丰富。他列举了几个数字，世界上已知的150种矿产我国都已发现，全国已知矿产和矿化点有20多万处，已探明储量的矿产有137种，其中探明20种的储量居世界前列，有10多种矿产除了满足国内需要，还可以长期出口。

朱训说，地质工作是经济建设的尖兵，需要超前先行。不仅要为实现翻两番提供需要的矿产资源和地质资料，而且要为第二步、第三步的宏伟目标创造良好的条件。虽然目前国内已探明的矿产储量，可以基本满足“六五”“七五”计划的需要，但是摆在地质矿产部门面前的任务仍然非常繁重，地质找矿工作正在转向一个新阶段。这是因为，第一，“四化”建设对矿产资源需求的品种越来越多，对资源的需求量越来越大。能源、铜铁、有色金属、化工等加工工业的翻番，要求挖掘矿产资源潜力，增加有效储量；基本建设的展开，需要有大量的建筑材料资源，特别是新型轻质建材资源。第二，找矿的难度、矿床普查勘探的难度显著地加大了。露头矿、埋藏浅的矿，因已被大批地发现而日益减少。找寻埋藏较深的隐伏、半隐伏矿的任务越来越重。第三，新技术革命的兴起，要求提供许多新型矿物原料，同时要求在矿产普查勘探领域，积极探索新的方法、新的技术，把先进技术应用到找矿实践中去。

朱训谈到，地质找矿进入新阶段，要求地质部门的管理体制，由内向型、封闭型转为内外结合型、对外开放型。为此，需要加强与国外的合作，不仅是科学技术合作，而且要发展经济合作。近几年，地矿部与国外有了一些合作项目，有的已经结束，有的正在进行。今后中外合作需要进一步发展。

（原载于1985年9月9日《人民日报》海外版）

在改革中搞活地质队伍

李道桴　丁　士

“今天就谈谈怎样搞活地质队。”新任地质矿产部部长朱训坐在办公桌前接受记者采访说：“搞活地质队是地质工作改革的中心环节。中央书记处、国务院已经明确了地质行业管理体制。就地矿系统内部来说，改革的重点是简政放权，增强作为地质事业本单位的地质队的活力。”

55岁的朱训，像许多地质工程师一样，在野外地质队开始地质生涯，先后担任过地质队的技术员、大队长、副局长、副部长等职。他的职务提升了，但更注重了解基层情况，不久前，还到浙江、广东、海南岛等地的地质队进行调查研究。谈到地质队，仍然满目挚情。

朱训说，人们知道地质工作者工作在野外，生活艰苦，但不一定了解他们的另一种苦衷，就是由于不合理的体制和规定的限制，他们的工作积极性难以发挥出来。长期以来由于忽视经济杠杆的作用，用行政办法管理地质队，地质工作费用全部由国家包下来，而地质成果却是无偿转让，这样就形成了地质队和地质工作的受益单位同吃国家大锅饭，职工吃地质队的大锅饭的被动局面，地质队缺乏压力、动力和活力。

朱训说：“近几年，我们采取不少措施，一方面鼓励地质队扩大服务领域，开拓地质市场，吸收社会资金；另一方面，要求地质队全面推行以承包为主要形式的内部经济责任制。内外结合，使地质队逐步成为具有应变、改造和发展能力的活跃细胞。”朱训介绍了地质队加强内部管理和开展有偿技术服务后发生的变化。他说，地质队伍的三大难题是资金不足、人才外流、装备落后。推行内部承包、开拓市场后，这些问题都能得到不同程度的解决，首先是地质队争取到社会资金，多做了大量计划外的地质工作，满足地方建设的需要；同时，地质队本身有了钱，办了一些事情，使装备水平有所提高；有些地质队的队伍情绪，由于生活福利有所改善，开始稳定下来。

朱训为地质系统的改革出现了好势头而感到高兴，但他更注意下一步的艰巨任务。他介绍，地质矿产部多次研究了系统内部改革的形势，认为搞活地质队要达到这样几项具体目标：一是保证完成国家计划，多出经济效益好的地质找矿成果；二是扩大地质工作服务领域，争取建立长期稳定的地质市场；三是提高地质队的自我改造、自我发展的能力；四是要使队伍精干化；五是改善职工的集体生活福利。他表示，相信地质勘查工作一定会不断增强活力，为“四化”建设作出更多贡献。

（原载于1985年10月11日《经济日报》）

倾听呼声　了解下情　直接对话

——地质矿产部部长提出开辟《和部长对话》专栏

《中国地质报》记者

最近，地质矿产部部长朱训同志提出，在《中国地质报》上开辟“和部长对话”专栏，公开刊登广大地矿行业职工的建议、呼声、愿望，要求自己和其他部领导、有关司局领导的公开答复。

记者就此采访了朱训同志。他颇有感触地说：“目前，地矿工作处在深刻的变革期，面临着极为繁重而又复杂的任务，不仅要搞好地质找矿，还要搞好矿管工作；不仅要保证完成‘七五’建设对地质工作提出的任务，还要为后10年乃至21世纪初我国建设的持续发展，超前准备相应的矿产资源和地质资料，而地质勘查的难度却越来越大，至于推进地质勘查、地质科研和地质教育的改革，则又是一个全新的事业，新情况、新课题不断产生，广大职工都在实践中思考探索。改革是群众的事业，光靠少数人不能完成。怎样把蕴藏在职工群众中丰富的智慧集中起来，作为领导决策的依据？亲自下去搞调研这是重要的途径。但几年来实感力难从心，而且次数有限，随时产生于职工中的好的意见，不能及时反映上来，信息不灵，决策则慢。通过报纸反映群众的建议和对我们工作的批评，对于集思广益，改进与指导工作，就更及时，更广泛，更直接。”

朱训同志接着对记者说：“地矿行业职工中有许多思想问题、工作问题、实际生活问题。他们在想什么，需要领导解决什么问题，这是做领导所必须注意的。领导就是服务，是公仆。但是由于我们工作繁多，很难去一一交谈过问。在报纸上开辟一个栏目刊登广大职工的想法、愿望和要求，这样可以给更多的同志提供同我们交谈的机会，公开给以回答，从而为更多的职工排忧解难。”

朱训同志说：“密切联系群众是党的光荣传统，我们要把这一传统发扬光大。在报上开辟这样的栏目，也是为了使报纸真正成为党联系群众的纽带和桥梁。”

朱训同志委托记者转达他的希望：为了地矿事业的发展，为了改革开放的成功，和部领导说说话。

（原载于1987年5月8日《中国地质报》）

和部长对话

朱训部长：

您好！前不久，湖南地矿局407队子弟学校组织了一次“树新风谈理想”演讲会。学生们踊跃上台，慷慨激昂地谈理想谈抱负，有立志长大当数学家、文学家的，有立志当一名光荣的人民教师和新型农民的……然而，时达两小时的演讲会上，竟无一人谈到长大后立志当一名地质工作者。

我认为这是一个值得思考和重视的问题。

子弟学校的学生是清一色的地质队的子女，正处于求知欲甚高，积极上进且富于幻想的年纪。在他们的印象中，“山寨、搬家、艰苦”成了地质工作的代名词。在他们周围的世界里，有关地质科学发展简史的科普书籍以及介绍一些杰出的地质工作者的书籍极度缺乏，大部分学生都未见过。

我想，地质工作的光荣和重要，在争取得到社会的理解和承认时，更要注重得到我们自己的子女们的理解和承认。我建议：请一些工程师、老工人给学生们讲讲地质科学的发展简史，并从亲身体会中，谈谈地质工作的光荣与自豪。此外，还可以采取组织夏令营到分队到矿区，让学生们从实地考察中，体会到地质科学的内涵和乐趣。同时，子弟学校要建立健全各个地质时代的岩、矿石及生物化石标本。通过各种形象化的手段，使学生们感受到地质工作的重要和光荣，引起对地质工作的兴趣。

此致

敬礼

湖南省怀化市省地矿局407队　胡家农

胡家农同志：

你来信谈到在一些学生中缺少从事地质工作的志向以及对此提出的一些建议，我认为是好的，很值得我们重视。

地质矿产的勘查和开发工作是我国现代化建设的一个极为重要的支柱。现在和可以预见的将来，95%以上的能源，85%以上的原料都取自地下。勘查开发地下资源，需要地矿工作者的辛勤劳动和献身精神，地矿事业更需要后继有人。地矿事业是光荣而豪迈的事业，我国每一座矿山、每一项重大工程、每一座大中城市，都留下了地质战线成千上万的无名英雄的业绩。万里副总理说："地质队伍的辛勤劳动，应当受到全社会的尊重。地质工作者为国家建设付出了心血、洒下了汗水，党和国家感谢你们，人民不会忘记你们……我们不能只看到后续工程的效益，忘掉了先行者们的创业过程中的艰辛。"地矿工作正在越来越广泛地得到社会的尊重，有志青年献身这个事业是值得的！

的确，地矿工作者多在野外作业，在高山、荒漠、海洋，为建设趟第一条路，披荆斩棘，相当艰苦。我们地质队伍是具有艰苦创业光荣传统的。50年代，许多青年放弃各种优越的环境和生活，积极报名申请到最艰苦的地区从事地质工作，地质事业显著成就的取得，就是依靠了他们这种坚韧不拔的英勇献身精神和开拓精神。现在，国家的经济建设在迅速发展，地质科学技术正在不断进步，地质工作各个领域的工作条件和生活条件也在逐步改善。应该是会有更多的热血青年，立志创业，继承前辈的传统，不畏艰辛，献身地质工作。

前一个时期，我们艰苦奋斗讲得少了，对地矿事业的宣传也很不够，即便是地质职工的子女，对地质科学知识和地质工作的社会意义也了解不多，而更多的是看到了地质工作艰辛的一面。对此，我们已经开始注意并已采取了灵活多样的方式进行宣传教育，取得了较好的社会效果。希望全社会都来做这方面的工作，特别是地质职工要言传身教，帮助孩子们树立艰苦创业的志向。

当前地质队伍的生活条件还较差，地质队基地、职工工资待遇、子女上学、夫妻团聚等还存在很多困难和问题。对此，党中央国务院十分重视，尽管我们国家目前困难不少，但仍给予了极大的关怀。地矿部在这些方面所做的努力，大家也都能感受到。可以相信，通过改革，不断搞活地质工作，我们的这些困难问题是可以在不太长的时期内得到相应解决的。

长期以来，一些地质技术人才“所学难以致用”的问题，近年内开始好转，但尚不如人意，使有些青年觉得失望。我们要求各级领导开拓用武之地，提供工作条件。当前及今后一个时期，正是技术骨干青黄不接的关键时期，加速造就一批新的人才是十分重要的。地质人才也必将是大有可为的。

我希望并且相信，地矿事业一定会再度成为令人向往的事业，随着地矿事业新成就的不断取得，我们地矿队伍会越来越得到社会的尊重；成千上万的青年将会更加信心百倍，心情舒畅地投身到这个伟大的事业中来。

谨在此向关心地矿事业发展的同志们表示感谢!欢迎大家多提意见。

致礼!

朱训

（原载于1987年5月8日《中国地质报》）

阔步走向世界

——访地质矿产部部长朱训

钟胜利

它过于封闭，沉默，像长年无言耸立的群山，像那把青春与生命奉献给群山的地质工作者的情怀，踏实勤奋有余，而生气不足。这些就是地质矿产部给我的印象。

然而，前不久通过对朱训部长的采访却使我看到另一番景象：开放的大潮下，地矿部门英姿勃发，正以雄健的步伐走向世界。

朱训说，地矿部门十一届三中全会以后，执行对外开放的方针，解放思想，更新观念，重视发展同世界各国和各地区的多种联系，从而打破了长期封闭状态，并开始步入世界贸易、技术和劳务市场，为国家创收外汇。

他说，目前，地质矿产部已同世界70多个国家和地区建立了合作关系，同15个国家签订了29个多边合作协议。开放以来，地质矿产部的对外合作项目大幅度增加，现在每年派出去和请进来的团组达200个左右，大体上相当于70年代的15倍和20倍。地矿部门先后引进价值10亿元人民币的外国先进仪器设备，有效地改善和提高了我国地质找矿工作的勘测手段和技术水平，使找矿效果更为显著，加快了地质工作的发展步伐。如近10年探明的石油、天然气的储量，相当于新中国成立后头20多年探明的储量。其他，如国家急需的黄金、非金属矿产等的勘查工作，也取得了很大的成果。此外，地质矿产部对外承包和劳务合作现已在南亚、东非等地开辟了市场。地质矿产部近几年还组建了3个工贸公司，对外经营地质技术、机械仪器、矿产品及其加工制成品的进出口业务，出口创汇额逐年增加。

当记者提出，作为社会经济发展基础部门的地质矿产部，在国家实施沿海地区经济发展战略过程中主要担负哪些任务，并准备相应采取哪些措施时，朱训说，第一，发展外向型经济，必须加强沿海地区交通运输和能源建设，这就要求地矿部门及时做好相应的工程地质勘查，加快沿海油气、东部煤炭资源普查的步伐，而且要在核能利用、地热能开发等方面，做好地质勘查；第二，发展劳动密集型产业，“两头在外”，大进大出，要求地矿部门发挥科技优势，积极支持乡镇企业，在矿产资源的综合利用和深度加工、非金属开发利用等领域开辟新的途径；第三，发展外向型经济还必须弄清楚国际原料市场和国内资源状况，合理利用国内、国外两种资源，这就要求地矿部门扩大勘察研究的对象，不仅要摸清自己的家底，还要重视研究国外资源情况，以及为工业部门开拓原料供应渠道，发掘潜在和稳定的工业原料市场，扩大服务功能，尽可能为沿海地区的经济发展提供良好服务。

在强调服务的同时，地质矿产部也要抓住当前有利时机，努力发展地矿部门本身的外向型经济。朱部长说，首先要大力创办“三业一补”企业，计划今后两三年内沿海地区的地质部门要创办“三业一补”企业100个，重点发展劳动密集型产业或劳动密集型与技术密集型相结合的产业，实行两头在外，大进大出。其次，要积极发展合资经营、合作经营企业。通过广泛吸收外资，与外国合作者合资、合作勘探开发矿产资源外，还要充分发挥地矿部门现有的优势，大力发展适销对路的出口机电产品。地矿部门拥有雄厚的技术力量和大量先进的仪器设备，有一批大中型地质机械仪器生产工厂，发展机电产品出口具有相当潜力。我们打算尽快选择一批条件比较好的企业，采用国际招标办法，吸收外商投资进行改造，然后生产出口地质机械仪器产品。目前，地矿部门与加拿大、孟加拉国、巴西等已有这方面的合作业务。最后，要继续开拓国际地质市场，组织矿产品、技术和劳务输出。

（原载于1988年7月14日《国际商报》）

希望文艺家提供新的《勘探队员之歌》

宋万程

近年来，地质矿产部的文化活动十分活跃，一批反映地质工作的文艺作品，诸如报告文学《共和国不会忘记》等引人瞩目。地质矿产部大力开展的地质文艺工作获得了可喜的成果，去年还被特邀参加了第五届全国文代会。今年初，该部组织成立了地质矿产部文联。

最近，地质矿产部部长朱训在接受记者采访时谈到他们为什么重视文艺时说，地质工作的性质决定了我们的职工经常处于流动分散状态，职工们长年工作在野外，跋山涉水，风餐露宿，工作和生活条件十分艰苦，文化生活更加贫乏。他们没有条件像城镇职工那样可以享受丰富多彩的文艺生活，许多地处边远偏僻地区的野外职工，甚至连电视节目也很难收看到。这就迫使职工们因地制宜地来开展文艺活动以丰富自己的生活内容。另一方面，地质职工在长期的山野生活中，锻炼出一种豪放、朴实的情操，他们热爱和珍惜生活。在他们的生活中，有着许许多多动人的事迹。特别是他们那种艰苦奋斗、为国家找矿立功的献身精神，更是值得赞颂的。地质生活需要文艺，同时也是文艺创作活动的一片沃土。这就是地质矿产部几届领导班子花大力气抓文艺工作的原因。

朱训部长强调文艺对地质工作的促进作用。他提到了50年代流行的《勘探队员之歌》与电影《年青的一代》。他说，50年代和60年代初，我国的地质事业处于第一次大转变、大发展时期，地质工作者在短短的几年间向国家提供了大批重要矿产地，保证了国家经济建设的需要。正是这个时期，《年青的一代》和《勘探队员之歌》诞生了。“肖继业”的形象鼓舞了我们这一代地质工作者，许多青年正是看了这部影片而毅然走上地质工作道路的。

朱训部长说，十一届三中全会以来，地质工作开始了第二次重大转变。地质工作和地质队伍面临着新的考验。在这种情况下，地质职工那种以艰苦奋斗为荣、以找矿立功为荣、以献身地质事业为荣的精神更显得难能可贵，更值得赞颂。新的生活召唤着新的文艺作品。正像《年青的一代》激励了50年代的青年，现在需要反映80年代地质职工风貌的文艺作品。朱训部长认为，地质文艺工作要坚持“双百”方针，要立足于基层，立足于地质生活，面向全社会，积极探索、开拓创新。文艺创作还要反映地质工作的发展和变革，要歌颂地质职工的高尚情操，进一步激发地质职工的积极性；也要使社会上更多的读者、观众从地质文艺作品中了解地质工作，理解地质职工的思想感情，从而给予地质事业以更多的关心和支持。我们要求各局各领导，各基层单位，采取切实可行的措施，从领导上，物质上尽最大可能给予支持。地质矿产部也准备采取一些有效措施促进整个地矿行业文艺工作的发展。朱训部长请记者转告文艺界的朋友们，他愿做艺术家们的知心朋友。他希望有更多的文艺工作者关心和深入地质生活。他充满信心地说：“地质生活能为文艺工作者提供广阔的天地和丰富的乳汁。”

（原载于1989年6月3日《文艺报》）

针对干部学习时事提出的问题

——朱训部长作国际形势报告

艾 石

针对干部学习时事提出的一些问题，元月4日地质矿产部机关党委召开部机关及在京直属单位处以上干部会议，请朱训部长作国际形势报告，给大家很大启迪和教育。

朱训在阐述去年国内国际发生变化情况、性质、原因时说，国际形势总格局未变，仍然是由对抗转向对话，由紧张趋向缓和，但也出现了某些值得注意的发展趋势。他在谈到吸取国内外发生事件的教训时提出5点要求：首先要有阶级观念、敌情观念，帝国主义亡我之心不死，国际敌对势力总是要采取多种途径通过“和平演变”来进行渗透以至颠覆我们社会主义国家，我们一定要提高警惕。第二，要坚持两手抓，在抓改革开放、建设“四化”的同时，要坚持反对资产阶级自由化，加强思想政治工作，开展热爱党、热爱社会主义的全民教育，让全国人民深刻地认识到没有共产党就没有新中国，没有共产党就不能发展社会主义中国。第三，要加强党的自身建设，把思想、组织、作风建设得更好，使我们的党更加密切同群众的联系，成为领导中国人民进行社会主义现代化建设的坚强的领导核心。第四，千方百计地把经济搞上去，这是保证人民生活和国家稳定的基础。对我们来说，就是要千方百计把地矿工作搞得更好，为当前经济的治理整顿和今后持续、稳定、协调发展作出更大的贡献。第五，对反党反社会主义的势力、派别，绝不能心慈手软，绝不能退让一步，让步就意味着我们败退。

他强调说，不管世界上发生什么问题，我们一定要始终以经济建设为中心，坚持四项基本原则，坚持改革开放，继续把建设有中国特色的社会主义事业推向前进。不坚持社会主义方向，就会导致资本主义复辟，不坚持改革开放，就很难实现四个现代化。我们一不闭锁，二不怕经济制裁，也制裁不了我们。在国家建设的整个历史过程中，要始终坚持自力更生为主、外援为辅的原则，社会主义建设一定会成功!

（原载于1990年1月8日《中国地质报》）

吹向荒野的清风

——地质矿产部部长朱训谈地矿改革思路

朱幼棣

炎夏7月，地质矿产部部长朱训带领全国100多名地矿厅局长、科研院所和地矿院校负责人，南下广东，对东莞、深圳、珠海、顺德、佛山等地的十几个企业和市场进行了考察学习。赴粤考察学习刚返回北京，朱训同志接受了记者的采访，并进行了长谈。

一、为什么要去广东？纵比和横比

话题自然从这次南下广东考察学习谈起。朱训说，大多数地矿厅局长都是从基层地勘单位干起的，钻惯了山沟，找矿、搞地质，有不少经验和本领，但由于所处的环境和工作条件相对比较封闭，需要更新观念，进一步接受改革开放的教育。这次考察学习收获很大，过去纵比多，横比少。对比广东的发展，了解到广东的许多好经验，使我们受到了很大启发。

朱训说，在过去10年中，我国地矿工作的发展战略发生了重大转变。但在某种意义上来说，这种转变才刚刚开始。

目前，我国100万地质大军中，吃事业费的约80万，其中地质矿产部所属的地质职工有40万。国家一年的事业费拨款约40亿元。从绝对数来说40亿元并不少，但每个职工人均一摊只有5000元，而工资和社会性支出就用去87%，能投入生产的钱就很少了。怎么办？如果用“撒胡椒面儿”的办法按人头平均分配，生活自然不愁，但国家交给的勘查任务根本无法完成。朱训说，我们通过改革改变资金的使用方法，即实行项目管理，资金随地勘项目走，保证重点，不承担项目的单位只发给70%的基本工资，采取组织“富余”职工广辟生产门路，开拓地质市场，发展多种经营等措施，才初步缓解了资金短缺的矛盾。

由于采取这些改革措施，我国“七五”以来的地质找矿取得了一大批重要成果：新发现重要矿产地1440多处，获得地质科技研究成果2350项。探明储量有增长的矿产125种，提交矿产地质报告2500多份，报告利用率从50%提高到83%左右。

朱训说，这些成果确实来之不易，但地矿行业面临的形势仍然相当严峻。就拿职工的人均收入来说，50年代初在国务院系统排第四，而1991年在国务院 73个直属单位中则下降到第51位。目前，发70%基本工资的职工还有几万人。此外，还有住房困难、职工子女待业率高等问题。不加快改革开放步伐我们就没有出路，就不能完成历史赋予我们的任务，也不能和全国人民同步进入“小康”。

二、“人心思变，人心思富，人心思快”

朱训说，从地矿工作的发展来看，加快改革开放步伐，加速经济发展的任务十分繁重。如何抓住时机、拓宽领域、加速发展，实现“四二二”工程（即实施“探宝计划”“减灾计划”“科教兴地计划”“安居乐业规划”四个计划；地矿工作进入法制及有计划商品经济两个轨道；实现为21世纪初经济发展准备矿产资源资料、地矿职工生活达到小康两个目标），如何切实增强地矿部门经济实力，改善地矿职工的生活问题不少，形势紧迫。

这位早年毕业于苏联第涅伯比彼德罗夫斯克矿业学院的地矿部长，曾主持过江西德兴等几个大铜矿的勘探工作以及铅锌矿、镒矿、铌钽矿、蛇纹石矿等一批大中矿的勘查工作。他说，小平同志南方谈话以后，地矿系统广大干部职工的积极性空前高涨，人心思变，人心思富，人心思快。他认为，地矿行业只有通过“扩大服务”才能加速发展。

朱训说，国民经济加速发展要求我们提供更多更好的矿产资源和地质资料，地质环境的治理和地质灾害的监测、防治也要逐步全面展开，如内蒙古发现砷中毒，经过调查后认为与地下水水质有关，目前正行改水治病，国务院和当地政府、群众都很满意。再如宝成线、成昆线两侧山体崩塌、滑坡等地质灾害以及举世瞩目的三峡工程库区危岩治理问题，均将由地质矿产部牵头或参与解决。可见，我们既要为国家重点项目服务，也要为地方经济发展提供服务，既要为计划内的项目服务，又要为国内外的市场需求服务，这条路是走得通的。

三、今后地矿改革的思路

在谈到地矿工作改革开放的总体思路时，朱训说要围绕着发展“四个市场”，推进“三化”，把文章做好。

“四个市场”即国际市场、国家订货市场、地质市场和多种经营市场。朱训说，目前我们已与世界上不少国家进行了合作，如与德国一起搞稀有金属勘探，和英国合作开展基础地质研究和金刚石勘查，和日本合作勘查石油天然气，在非洲和亚洲一些国家搞工程承包，开展找矿、找水、打井和其他一些工程项目。对于预算内地勘工作这一部分，我们准备引入市场竞争机制，即“国家订货市场”的管理和使用办法。现在将项目和资金下拨，改为地勘单位承包、订货的办法，培育预算内地质成果市场以适应商品经济的发展。在多种经营方面，我们争取在“八五”期间办成100家年产值超过1000万元、年利润超过100万元的企业，地处沿海开放地区的地矿单位步子要走得更快一些。

朱训说，我们初步设想，如果在40万职工队伍中，通过今后3年的努力，能够调整结构，分流一半的人去搞多种经营和地质市场，有30%的科研人员去搞技术应用开发。做到自主经营，经济自主，那么现在国家拨款和计划内任务不足，大量人员闲着的状况就可以完全改变。

朱训说，推进“三化”即部分地质成果商品化、地勘单位企业化和地质队伍社会化。凡不利于地质成果商品化、地勘单位企业化和地质队伍社会化发展的条条框框、清规戒律，都要敢于冲破，加速“三化”的进程。

朱训对地矿部门今后的改革充满信心。他说，沿海、沿边、沿江地区，各开放城市、特区和开发区，几乎都有地勘单位，这些单位力争在“八五”期间全部进入市场。朱训说，我们的思路、视野、认识正在产生一个新的飞跃和突破。我们一定要牢牢抓住机遇，使地矿部门的改革开放迈上一个新的台阶。

（原载于《中国经济体制改革》1992年第8期）

中国地质先行官

——访地质矿产部部长朱训

杨同兴

化工和地质矿产是相关行业。化工发展离不开矿业开发。采访地质矿产部部长朱训早就列入了记者的采访计划，因为部长很忙，我们相约，像找“矿”那样，先进行“野外工作”，再进行“室内工作”。待我们对地质矿业有了初步了解之后，9月1日，朱训部长接受了采访。

一、从化工新兵到地质先行官

朱训部长见到化工界的同志很亲切，他说：“我也是搞化工出身的，现在搞地质也是为化工服务。不过，那时我只是化工的一名新兵……”

据熟悉朱训的同志向我们介绍，朱训16岁参加中国共产党，解放战争时期先后在华中军区的后勤化工厂和淮阴光华化工厂任车间主任和党支部副书记，专门为部队生产肥皂、酒精等。1949年上海解放后，19岁的朱训受命赴上海参加接收新华化工厂。一年未满，党组织派他到北京中国人民大学工厂管理系学习。1952年9月，又被派往苏联学习经济管理。当朱训抵达莫斯科，我驻苏大使馆转来国内电报，指名要求朱训改学地质专业。200名留苏学生，改学地质专业的仅有朱训一人。

这或许是个“谜”。不过留学生离京的前一天晚上，在中南海怀仁堂，刘少奇同志接见他们。朱训被推选为记录员，坐在刘少奇同志身边，聆听少奇同志的讲话：“新中国成立后，石景山钢铁厂急需铁矿资源，山西某工厂基建时因为未做工程地质工作而发生事故……国民经济建设离不开地质工作。”刘少奇同志一席语重心长的讲话震撼了这位年轻人的心。从此，朱训便开始了地质矿业生涯。

二、铭记周总理的教诲，找矿要运用辩证法

历史不会忘记，1950年5月7日，周总理亲自到北京饭店接见刚从英国绕道回国的地质学家李四光，邀请他出任新中国第一任地质部部长，周总理对李四光说：“地质工作必须先行，走在其他工业的头里。你给我找矿，你会给我们找到油和铀的……”周总理高度赞扬李四光创立的地质力学，并背诵了一段恩格斯的论述：“全部地质学是一个被否定了的否定的系列，是旧岩层不断逐层毁坏和新岩层不断沉积的系列。”周总理建议李四光精读恩格斯《自然辩证法》及列宁、毛泽东的哲学著作。周总理和李四光的一夜倾心畅谈，使李四光心悦诚服，为之动容。李四光的光辉一生，凭他渊博的学识和聪慧才智，灵活运用辩证思维指导找矿，在新华夏系的沉降带先后找到大庆、大港油田，描绘出我国金属、非金属、稀有金属等矿产资源的蓝图，同时培养了一支能打硬仗的地质队伍。

历史翻开了新的一页，1992年在中共十四届一中全会投票的空隙，中央政治局常委李瑞环同志见到地质矿产部长朱训就说：“朱训同志，我看过您写的那本书。就是《找矿哲学概论》。我是认真看的，写得不错。我对这方面很有兴趣。过去在搞实际工作中，我也碰到这类问题，就是怎样运用唯物辩证法来指导工作。”

朱训很高兴，随后他向李瑞环报告：“全国自然辩证法研究会地学委员会将在南昌开个会，专门讨论找矿哲学问题，能否请您对这个会提些希望和要求？”10月31日，一份传真从中南海发送到地矿部办公厅，李瑞环专门写来一封信：“……我希望更多的同志像朱训那样，自觉地运用马克思主义哲学原理指导生产建设和工作，从而推动改革和现代化建设事业更快地发展。”

今年1月19日，国务委员宋健又为中国科学技术协会和中国自然辩证法研究会举办“找矿哲学座谈会”发来贺信指出：“《找矿哲学概论》这本书在理论和实践的结合上进行了有益的探索，在建立应用科学方面迈出了可喜的一步。”

李瑞环、宋健等领导同志提到的《找矿哲学概论》是朱训部长的一部新著，这是迄今为止国内外第一部系统研究矿产勘查领域的哲学专著。40年后，新中国第三任地质矿产部部长朱训实现了周总理的夙愿，运用唯物辩证法指导找矿，把找矿科学和哲学有机地结合起来，建立了找矿哲学这门应用科学，开辟了哲学研究的新领域和新途径。

朱训部长向我介绍说，《找矿哲学概论》这本书实际上是他多年来找矿实践的系统回顾和总结，并汲取了国内外找矿研究的最新成果。1991年春，朱训在中央党校省部级干部进修班学习期间，应长春地质学院和南开大学合办的地质经济研究生班邀请，抽空写出5万字的讲课提纲。讲课引起很大反响，师生纷纷建议朱训在此基础上书写，于是写成了一部25万字的专著。该书由于具有很高的学术水平和实用价值，已被首选收入中国自然辩证法文库。

三、发现“深新裂带”，江西绽开“五朵金花”

1957年7月，朱训以优异的成绩毕业于苏联第涅伯尔彼得罗夫斯克矿业学院地质勘探系，回国后被分配到江西省地质局赣东北地质队任技术员，当时地质队只有100多人，朱训组织编制了上饶地区第一张1 ： 20万地质图，接着投入找矿工作。在德兴铜矿考察时，经过几个月的野外考察和室内编图，他发现有一系列地质标志表明在江西婺源、德兴、弋阳、东乡一线附近存在着一条深断裂带，并根据该地区地层、地质构造、岩浆岩等地质条件分析研究及一批铜矿点的资料，认为该地区成铜的地质条件比较有利。他冲破国际地质权威关于太平洋金属成矿带内带多铜，外带多锡钨的论断束缚，大胆提出在太平洋金属成矿带外带找铜的远景。

1965年，朱训担任赣东北铜矿会战指挥部总工程师，与广大地质人员一起成功地勘探了东乡富铜矿，并发现证实了水平大型铜矿的远景。朱训还参与指导九江、成门山铜矿、瑞昌武山铜矿的勘探工作，并被证实均属大型铜矿，它们连同德兴铜矿，构成当时江西铜矿的“五朵金花”。江西一跃成“铜省”。

文化大革命期间朱训被下放到农村，1975年担任德兴铜矿会战总指挥兼党委书记，进行第二次勘探，此次勘探德兴铜矿总储量几乎翻了一番。

四、踏遍青山为化工找到大型矿产资源

矿产勘查工作是一个将潜在资源转化为证实资源的过程，矿产勘探工作具有先行性、基础性和导向性，它通过提供可开发利用的矿产地来为后续产业服务。化学工业的发展急需磷矿、硫铁矿等矿产资源，在各地寻找矿产资源则是化工历届部长特别关心的问题。

50年代中期，当时在赣东北大队任技术负责人的朱训，在寻找镍矿过程中，没有发现具有工业意义的镍矿，却在那发现超基性岩蛇纹石化发育较强，于是就灵活地改变了原定计划，及时对德兴张村大型蛇纹石矿和弋阳樟树墩蛇纹石矿进行了勘查和矿床评价勘探工作。德兴、弋阳蛇纹石矿的探明为发展钙镁磷肥找到了原料，对于化学工业来说，不啻是一喜讯。60年代初，化工部副部长侯德榜对江西发现蛇纹石矿产生了浓厚的兴趣，亲自到弋阳实地考察，这位著名的制碱专家对化工工艺流程了如指掌，但对地质矿产却隔行如隔山，虚心好学地询问勘探队技术负责人胡魁：“蛇纹石为什么是绿色的？”侯德榜弋阳之行，确定了蛇纹石矿的开发方案。尔后，70年代弋阳蛇纹石矿成为我国重点化工矿山企业。

朱训任赣东北地质大队技术负责人和队长期间，首次在赣东北发现震旦纪含磷地层的存在，为后来发现我国东南部最大的磷矿——江西朝阳磷矿提供理论依据。至今江西地质队中还流传着朱训找磷的故事。对于区域地质成矿理论造诣很深的朱训，为了扩大铜矿会战成果，来到上饶、朝阳地区进行野外勘查。有趣的是，此行他没有发现与铜矿形成匹配的地质条件，却意外地发现地质图上所标侏罗纪年代，而在野外勘查却没有发现侏罗纪地层。朱训认为这可能是与磷有关的较古老的地层。当时，一起跟勘的朱训同志的爱人尹惠宇（现为中国地质矿产信息研究所研究员）根据她在邻区从事磷矿普查和地质填图工作的经验，对此进行分析证实，朝阳地区所见地层为震旦纪含磷层。一天，地质队员们找矿从一家农民房舍路过，偶然在土墙上发现一块“石头”异乎寻常，经实验分析果然是磷矿。

朱训认为：朝阳地区属碳酸盐磷矿，未经风化的原生磷矿品位很低。但磷矿体出露地表后，经过风化导致磷的富集，所以氧化带中的磷矿品位高，可以开发利用。

化工职工不会忘记当年唱着《地质队员之歌》走进深山老林的探宝人，他们跋山涉水，风餐露宿，以献身地质事业为荣、以艰苦奋斗为荣、以找矿立功为荣，在化工矿产资源勘查方面进行大量工作，为化学工业的发展提供丰富的矿产资源，保证了化工发展的需要。如今一座座化工矿山企业，正是地质工作者的业绩在化工职企心目中的丰碑。

五、中国矿情及矿产勘查发展战略

1982年3月朱训离开从事地质工作25年的江西革命老区，调任地质部副部长。这一年，地质部改名为地质矿产部，表明地质矿产部的工作在坚持“以找矿为中心”基础上，将开始承担地矿行政管理职能，而朱训的工作范畴又由探索自然界矿与非矿、贫矿与富矿、单元矿与多元矿的客观世界，转移到认识社会对矿产资源的需要与可能、重点与一般、全局与局部的实践活动。

1985年朱训任地质矿产部部长，他放下卓有成就的地质成矿规律和模式的研究，把精力集中到中国地质矿产资源勘查开发管理上来，先后发表了《我国矿情的辩证分析及对策建议》等10多篇文章，对地质工作提出许多新的见解。

多年来的一线工作实践和地矿理论的深厚造诣，使朱训对中国矿情了如指掌，对矿产勘查发展战略更是深思熟虑，谈到我国矿产资源情况，这位地质先行官再一次展现了他的辩证思想方法：我国资源的总量虽丰富，但人均较少，矿产资源既有优势也有劣势，从总量看，不失为世界上“物博”的国家，已发现168种矿产，有探明储量的153种，其中化工矿产就有近30种，有45种主要矿产储量潜在价值总量仅次于美国和俄罗斯，居世界第三位。目前开采矿石总量为50多亿吨，也居世界第三位，然而，我国人均拥有的资源仅为世界人均拥有量的1/10，苏联的1/7。由此看来，我国又是“资源小国”。

我们的资源有优势，也有劣势，比如煤、钨、锑、稀土、磷等矿保有储量多，找矿远景大，开发条件较好；但钾盐、铬铁矿、金刚石、天然碱，目前探明的储量则明显不能满足国内经济建设需要。就磷矿而言，含五氧化二磷达30%的磷矿储量只占总储量的7%，贫矿多富矿少。相当一批盐湖矿产也是由多种有益组分而形成的综合矿，给矿产开发选冶带来许多困难和问题。我国既有广东云浮硫铁矿、贵州大河边重晶石矿、内蒙古达拉特旗芒硝矿等世界级的大型矿床，但更多的是中小矿，另外矿产分布不均，如80%的磷矿集中在云南、贵州、湖北和湖南4省。

从1984年起，朱训就开始将市场机制引进到地矿工作，陆续开始实行地质项目管理。开拓地质市场和发展多种经营的“三项主体工程”。1986年《中华人民共和国矿产资源法》公布实施，矿产开发有了法律依据，矿业活动走上了法制轨道。第二年，朱训又明确提出以实行矿产资源有偿开采和地质成果有偿使用为重点的改革试点，这项工作已进展到立法阶段，即将出台。这一系列的改革措施使我国地矿业向成果商品化、地质勘探单位企业化、地质队伍社会化的“三化”目标迈进。

去年地勘队伍10万人进入市场，完成工作量50亿元，与1978年相比增长将近3倍，其中地质市场和多种经营收入已占总量的40%；人均货币工作由1978年的3082元上升到1992年的1.2万元，提前1年实现了部长任期目标。

朱训部长向记者畅述了他的新一任目标的规划蓝图，即90年代地矿工作发展战略——“四二二”工程。内容是地矿工作继续实施探宝、减灾、科学兴地和安居乐业等四项计划，从而使矿业活动进入社会主义市场经济轨道；为实现第二步战略目标和21世纪经济持续发展准备矿产资源和地质资料，为治穷致富，增强后劲，使地勘职工与全国人民一道进入小康而奋发图强。

朱训还在着手积极推进以勘查油气和急需矿为重点的第二轮矿产普查，按需要与可能相结合的原则，为发展社会主义市场经济提供需要的矿产地。

同时，开展国外矿产风险勘查，扩大地质勘查对外合作领域。去年8月朱训率中国地质代表团赴日本参加第29届国际地质大会，代表中国政府申办1996年第30届国际地质大会在北京召开，获得成功。那将是一次国际地质界科技交流的奥林匹克盛会。

（原载于1993年9月17日《中国化工报》）

团结起来面向未来

——中国矿业协会会长朱训访谈录

严　明

自1990年中国矿业协会成立以来，朱训两次被矿业界同仁推举为会长。10年间，中国矿业协会为中国矿业发展做了大量工作，赢得各方面广泛好评。在中国矿业协会即将更名为中国矿业联合会之际，记者就协会工作的情况，矿业发展的前景，联合会今后的工作等问题采访了朱训会长。

记者：朱会长，10年前中国矿业协会应运而生，其工作得到了广泛的好评，作为会长，您认为其中最成功的经验是什么？

朱训：矿业协会成立10年来，应该说是做了一些事情，这是在国务院有关主管部门的领导和支持下，在3位名誉会长的关心下，在矿业企业的帮助下，经过协会秘书处工作人员努力所取得的。

就个人而言，我认为协会工作能够取得一定的成绩，主要经验有3条：

一是坚持"三个服务"。矿业协会不是政府部门，开展工作最重要的是要服好务。只有真心实意地为政府决策服务、为发展矿业服务、为矿山企业服务，才能得到各方面的支持，顺利地开展工作。

二是坚持"四个依靠"。矿业的面很广，矿业协会的工作涉及面广，工作量大。因此，在工作中必须坚持依靠政府主管部门的有效领导，依靠理事会单位的集体智慧，依靠矿山企业的大力支持，依靠秘书处工作人员同心协力的工作。没有这些工作就很难展开。比如你们中国矿业报发现的荆襄磷化、七宝山矿等矿山企业问题的解决，就是坚持"四个依靠"的典型例子。

三是落实“十六字”方针。矿业协会会长是大家推举出来的，矿业协会是大家自愿结合的民间团体，协会的会长就不能像政府部门的领导那样去发号施令，协会的工作方式也不能像政府部门那样。协会工作的最重要内容是服务，怎么服务，我总结为“站准位置、协商办事、积极开拓、量力而行”十六字方针。

矿业协会的位置是民间社团组织，不是政府机构，牢记这一点非常重要。正因为是社团组织，所以要协商办事，不能发号施令。在站准了位置取得各方面的支持和形成协会内部合力之后，如何更好地为矿业发展多做工作呢？这就需要我们开动脑筋想办法，积极开拓进取来尽力搞好“三个服务”。同时，我们也应该看到，现在国家要办的事情很多，矿业只是其中一部分，不能希望一个早上就把所有问题都解决了，何况矿协自身的力量也有限，所以矿协的工作也要量力而行，把矿业界的需要与现实的可能性结合起来，统筹规划，分步实施。

记者：您认为矿业协会10年的工作，最令您满意的是什么？令您感到遗憾的又是什么？

朱训：这10年间，在矿业协会这样一个自愿结合的民间团体中工作，看到各会员单位、协会领导集体和秘书处全体同志都能为实现“三个服务”这个宗旨自觉的、同心协力开展工作，是让我最感满意的。没有这一条，协会的工作是无法进行的。所以，尽管我感到担子很重，但工作起来仍很开心。

矿业协会10年来做了不少工作，但由于矿业当前面临的问题很多，我们在开展服务工作中总有力不从心、工作做得不够的感觉，这是令我最感遗憾的。

记者：朱会长，现在处于转型期的中国矿业又受到新经济和“入世”的冲击与挑战，很多人对矿业失去了信心，将其列入了“夕阳产业”。对此您有什么看法？

朱训：从整体的角度来看，应该说不存在什么“夕阳产业”，只有“夕阳技术”“夕阳工艺”“夕阳方法”等。具体到矿业，出于依托资源的特点，那些面临资源枯竭即将闭坑的矿山可以叫作“夕阳企业”。如果这个企业能及时调整产业结构，实行矿业与非矿产业多元发展战略，在不开矿企业，靠其他矿业仍可以使这个企业能更好地生存与发展下去，不过，那么这个企业就不能再称作矿山企业了。

矿业企业现在之所以困难重重，除了历史的、体制的各种原因外，在很大程度上是由于技术落后、工艺落后、管理落后造成的，有些做得好的矿山企业，如我们这次会议将要表彰的10个先进企业，就是因为他们在深化改革、科技创新与加强管理方法取得了成功，他们在技术上具有一定的优势。

而且矿业有没有前途还应该从深层次看。其实过去我们常讲衣、食、住、行、用都离不开矿产资源的开发作用，就是一个很有道理的说法。社会经济的发展离不开矿产资源的开发，这从90年代以来世界矿业的上升趋势和探明矿产储量和矿产品储量不断增加上，就可以看得出来。

具体到我国，余缺并存是我国矿业面临形势的重要特点之一。虽然目前有如煤炭等部分矿产品出现结构性过剩，但石油、富铁矿、富铝矿、铜矿、钾盐等大量进口。从总体来讲，我国的矿产供应还无法满足经济发展的需要。人均占有资源少，人均消耗资源水平低的事实告诉我们，矿业的发展空间是很大的。这里可以算笔账，目前矿业的产值在国内生产总值中的比例约为6%。以此计算，按照2010年发展纲要目标，那时的国内生产总值达17万亿元以上，当时矿业产值应达1.02万亿元，相当于现在矿产制造业产值的两倍以上。这就是说矿业仍要有一个新的发展。当然，这里面还有一个节约资源降低矿耗提高资源利用效率的问题。

记者：而对“入世”的挑战，您认为中国矿业如何才能尽快完成转型，怎样应对挑战？

朱训：矿业目前面临的挑战不仅来自加入WTO，还来自矿业全球化、保护环境和资源的呼声日益高涨。目前矿产品市场出现余缺并存的形势，以及矿企业脱资攻略任务都给矿业提出了挑战。

就矿业全球化和加入WTO来说，既给中国矿业带来了新的发展机遇，如有利于扩大利用外资来发展中国矿业，有利于我们利用国外资源，也有利于促进我国矿山企业竞争力的提高；同时矿业全球化和加入WTO也给中国矿业带来巨大的动力，中国矿产品价格一向偏高，中国矿山企业数目前在国际矿业市场中缺乏竞争力等。因此解决问题也不能采取单一的方式，而应从多个方面来研究问题，探索解决问题的途径。

我认为应该从以下几个方面入手，首先是提高认识，转变观念，认清形势，提高对矿业全球化的适应能力。要对问题分析透彻，既要看到当前的困难，又要看到前景，增强信心，这样才能战胜困难。比如经济全球化带动矿业全球化是个不可逆转的趋势，加入 WTO 也即将成为现实。因此，我们就应顺应潮流、谋求发展，采取措施参与竞争，参与世界资源的分享。

其次，要通过苦练内功深化改革，扩大开放，推进科技进步，加强管理，提高产品质量，降低矿产品损耗，提高矿产品在国内国际市场中的竞争能力，提高获取国际矿产资源的能力，提高到国外去勘查开发矿产资源的能力，争取在国内市场立于不败之地，并谋求在国际矿业市场中占有更大的份额。

记者：中国矿业协会为什么要更名为中国矿业联合会？中国矿业协会与中国矿业联合会的区别在什么地方？

朱训：可以说中国矿业联合会的成立，与10年前中国矿业协会的成立一样，是应运而生的。当前，经过政府机构改革，原来若干分散的矿业管理部门弱化了，其职能一部分进了国土资源部，另一部分进了国家经贸委，但是还没有一个涉及矿业生产全过程的集中统一的管理部门。

另外，国家在精简政府机构的同时，加强了对中介组织的培育。

在一些专业矿业部门撤销后，成立了若干专业矿业协会。由于矿业存在许多共性的问题，而专业协会在这些方面很难处理。因此，为在共性问题上发挥作用，更好地推进矿业发展、顺应时代潮流，实现矿业界的大联合，就需要有一个组织来联系协调。与原来的矿业协会相比，我认为，矿业联合会可以更有效地发挥在各专业协会之间的纽带作用；涉及的内容将更宏观，将从整个矿业的角度来考虑，办专业协会不办的事情。所以，有一个统一矿业联合会，在国际矿业活动中以统一的形象代表中国开展工作，更加有效，更加权威。

记者：最后请您谈一下，中国矿业联合会成立后在帮助矿业企业摆脱困境、增强抗击市场冲击能力、促进矿业健康发展方面可以发挥哪些作用？

朱训：矿业联合会成立之后，我认为至少可以在以下四个方面发挥作用，推进我国矿业企业和矿业发展。

一是更好地发挥桥梁作用，协助政府出台矿业政策，并将这些政策及时转达给矿业企业，特别是有关改革与发展的政策，同时将企业存在的困难和问题及时向政府反映，争取帮助企业解决能够解决的问题。

二是更好地发挥助手作用，积极承办政府要做但又不太好做的事情，由于政府机构精简之后，人员少了，但很多事还要办，政府的某些职能就可以转给中介组织来承担。此外，有关行业自律、统一对外等比较适合由社团组织出面组织、协调的工作，矿联可以充分发挥这方面的助手作用。

三是更好地发挥中介作用，矿业企事业单位在市场经济体制下，越来越需要中介组织来办一些符合市场规律的事情，矿业联合会在这方面有很大的空间优势。

四是更好地发挥纽带作用，通过加强与各专业协会之间的联系协调，在矿业界拧成一股绳，形成合力，将有利于更好地开展工作。

我相信，中国矿业联合会一定能够为推动中国矿业的发展，为促进矿业经济繁荣，进而为实现我们国家的可持续发展战略作出应有的贡献。

（原载于2000年6月22日《中国矿业报》）

阶梯式发展论：领导科学的新视野

—— 访全国政协第八届委员会秘书长朱训

程冠军

习近平同志在哲学社会科学工作座谈会上的讲话中指出，“哲学社会科学创新可大可小，揭示一条规律是创新，提出一种学说是创新，阐明一个道理是创新，创造一种解决问题的办法也是创新”。我国著名地质学家、全国政协第八届委员会秘书长、原地矿部部长朱训同志，在长期矿产勘查实践的基础上，运用马克思主义哲学基本原理总结矿产勘查实践经验，提出了一种新的思维方法——阶梯式发展论。阶梯式发展论认为：事物的发展既是螺旋式的、波浪式的，也是阶梯式的。这是马克思主义发展观中国化的哲学成果，同时为新时代领导科学的研究提供了新的思维方法、开辟了新视野。为了让领导科学界和各级领导干部了解阶梯式发展论，本刊记者专访了朱训同志。

阶梯式发展论的形成和提出

记者：您先后担任过原地质矿产部部长、全国政协第八届委员会秘书长。那么，您是什么时间发现和提出阶梯式发展论的？又是怎么发现和提出这个理论的？

朱训：我发现和提出阶梯式发展论与中央党校颇有渊源。1991年，我在中央党校学习期间，运用马克思主义哲学的基本原理总结新中国成立42年来矿产勘查工作的经验，发现国内外矿产勘查工作均分阶段，而且是一个阶段一个阶段地向前推进。矿产勘查工作者对地下矿产情况的认识也随之一个台阶一个台阶地逐步提高。此时，我认识到国内外分阶段“台阶式”循序渐进地推进找矿工作的过程是矿产勘查工作的客观规律。于是把这种“台阶式”的发展形式与恩格斯、列宁所说的“螺旋式上升”，毛泽东同志所讲的“波浪式前进”这两种发展形式进行了对比研究，认识到前进性与曲折性相统一是共同特点，而“台阶式发展”这种形式没有“波浪式前进”中的波峰、波谷之分，只是在某一阶段内部或阶段之间出现小的波动；也没有“螺旋式上升”形式中的前进性上升和复归式上升之分。对于这种客观存在，而以前又未为人所认知的台阶式发展形式，我把它命名为“阶梯式发展”，并于1991年在《自然辩证法研究》第10期发表了《从矿产勘查过程看认识运动的“阶梯式发展”》一文，正式提出了“阶梯式发展”这一理论观点。1992年在我的专著《找矿哲学概论》中进一步阐述了“阶梯式发展”理论。

在之后的20年间，经过对自然界特别是对地球上地质演化和人类社会发展的考察，我进一步认识到阶梯式发展在自然界、人类社会和认识领域同样是广泛存在的。2012年，我发表了《阶梯式发展是物质世界运动和人类认识运动的重要形式》，完成了认识的跃迁和升华，形成了“阶梯式发展理论”的雏形。2015年，我发表了《论阶梯式发展》一文，初步形成了阶梯式发展理论的体系框架。新中国成立70周年之际，我主导撰写的《阶梯式发展论》顺利出版，使阶梯式发展理论得到了更加系统而深入的发展和完善。著名哲学家、原中央党校副校长杨春贵教授欣然为这部专著作序。这部专著系统梳理了阶梯式发展的存在形式、内涵与外延，阶梯式发展的基本特征，阶梯式发展的普遍性与特殊性，对比研究了阶梯式发展与螺旋式上升、波浪式前进等形式的不同，并将阶梯式发展论融入当代中国的发展历程中，深度剖析了阶梯式发展的理论意义与实践意义。阶梯式发展论的最新研究成果有助于我们学习和理解党的十八大以来的发展理念和发展成就，有助于我们学习贯彻党的十九大精神，有助于我们学深悟透习近平新时代中国特色社会主义思想。

阶梯式发展论的基本原理

记者：您提出的阶梯式发展论是哲学和社会科学的创新成果。请您介绍一下阶梯式发展论的基本原理。

朱训：要认识阶梯式发展，首先要认识阶梯和发展两个词汇。阶梯是台阶和梯子的合称，是向上或前进的凭借或途径。发展是指客观事物随着时间由小到大、由简单到复杂、由低级到高级连续不断地变化，是前进性与曲折性相统一的运动。阶梯式发展是指客观事物随时间由一个台阶跃进到另一个台阶的发展。阶梯式发展在空间上表现为台阶性，在时间上表现为阶段性。马克思主义认为，世界是物质的，物质是运动的，运动是物质的存在形式；运动是有规律的，其形式是多样的。主要包括：体量上由小到大，程度上由简单到复杂，性质上由新事物代替旧事物，层级上由低级到高级的层级性运动。阶梯式运动发展的辩证性质是自然界、人类社会和思维运动的规律性体现。外部世界的辩证发展和人类思维能动的反映，在本质上是统一的。阶梯式发展是事物发展运动的基本形式。阶梯式发展与螺旋式上升、波浪式前进一样是事物发展运动的一种形式，且都是事物发展运动的基本形式。它们的发展运动都具有客观性、连续性、前进性、广泛性的特点。阶梯、螺旋、波浪这些运动形式亦大致具有周期性出现的特点。阶梯式与螺旋式、波浪式相比，更具有能动性和广泛性。客观世界是复杂的、多样的。客观事物发展运动的形式也是多样的。与上述“基本形式”相比较而言，在自然界和人类社会还存在许多“非基本”的运动形式，例如“突变式”“宇宙大爆炸”“恐龙灭绝”“地震”等等。人类社会的发展还有“跨越式”“变轨超车”“弯道超车”等等。事物发展运动的“基本形式”与“非基本形式”之间并不互相排斥，基本形式中可以包含有非基本形式，非基本形式具有基本形式的基因和特征。事物是遵循“基本形式”发展运动的，但亦可能出现“非基本形式”的运动。这种非基本形式运动的出现常常成为事物发展运动的拐点。这里所说的“事物”，包括客观物质世界、人类社会、精神世界。换言之，“事物”无所不包。事物发展运动所指的就是自然界和人类社会中一切运动现象的总和。

阶梯式发展遵循唯物辩证法

记者：马克思主义认为，任何事物的存在和发展运动都是遵循唯物辩证法的。阶梯式发展论是否也是如此？

朱训：任何事物的客观存在、发展运动，都是符合并遵循唯物辩证法三大规律的。这就是量变质变规律、对立统一规律和否定之否定规律。我所提出的“阶梯式发展论”，是脱胎于对矿产勘查过程分阶段台阶式推进的实践与认识所做出的形象总结和理论概括。矿产勘查过程就是人与富矿地质体之间人的认识与客观实际的对立统一的过程。换言之，就是“在该事物内部矛盾对立面的统一与斗争的情况下”的发展运动，其每一个阶段“量”的增加与“质”的提升是同时表现出来的。阶梯式发展是量变质变规律的延伸。这里有一个很典型的实例。2018年习近平总书记在回答印度总理莫迪对“新时代”的关切时说了这样一段话：中国“进入了一个全面的由高速增长到高质量发展阶段，其中一个重大判断就是人民群众对美好生活的向往。过去，我们要解决的是‘有没有’的问题，现在是要解决‘好不好’的问题”。“有没有”的问题一代一代地去解决，经历了一个台阶、一个台阶排浪式消费的过程。先是解决自行车、缝纫机的问题，然后是电视机、电冰箱的问题，再是解决房子、小汽车等问题。现在逐渐进入个性化、多样化、小批量的需求阶段，这就需要供给侧结构性改革。对这一段话，我们可以这样理解：第一，从“有没有”到“好不好”的过程，始终都是中国共产党领导人民建设中国特色社会主义的过程；第二，“有没有”的“三个台阶”或“三个阶段”，社会的主要矛盾没有阶梯式发展的变化；第三，“有没有”的“三个台阶”或“三个阶段”都是数量增加质量提高的阶段。从“有没有”到“好不好”反映的是“我国社会主要矛盾已经转化为人民日益增长的美好生活需要和不平衡不充分的发展之间的矛盾”。因此，这就需要推进供给侧结构性改革，使人民的生活水平再上一个“新台阶”。从以上可以看出，“三个台阶”量的增加质的提高是同时进行的。关于量变质变的规律，恩格斯在《自然辩证法》中是这样表述的：“在自然界中，质的变化——在每一个场合都是按照各自的严格确定的方式进行——只有通过物质或运动（所谓能）的量的增加或减少才能发生。”恩格斯在阐述量变质变规律中十分明确地指明了“量”的“规定性”。其实，量变质变的过程是很复杂的，恩格斯并未就此展开论述。毛泽东同志在总结中国革命的历史经验后，提出总的量变中有部分质变的思想，从而丰富了量变质变的内涵。我们经常说的“三步走”发展战略，“两个一百年”奋斗目标和中华民族伟大复兴的中国梦，以及大量事物的发展规律，就包含着量变中具有部分质变的事实。“阶梯式发展”这一对事物发展规律的表述恰恰反映了这一特点，成为“量变质变规律的新表述”。既然事物发展过程中通过量的变化积累引起质的飞跃，就进入了一个新的阶段，这是大的阶段而在每个大的阶段里边，又有一系列的量变，又有小的阶段。小的阶段、大的阶段都是台阶，小阶段实际上就是大的阶段内部的部分质变。由此可见，阶梯式发展不仅体现了量变质变的规律，而且也反映了具有部分质变的特点。所以我们完全可以说“阶梯式发展规律是量变质变规律的新表述”。这一“新表述”丰富了量变质变规律的内涵，并从理论上和实践上深化了对这一规律的认识。

“阶梯式发展论”是物质世界事物发展运动的基本坐标。任何事物的发展运动，一般来说都是在一个开放的多维空间中进行的。各个维度之间都是相互联系、相互影响、相互制约的同处于“时”“空”维度之中。但是这里有一个最基本的维度——“时间”。时间是永不停息的更不会倒退。“时间”绝不会因为其他维度之间的相互作用而停滞下来。它为其他维度的相互作用提供了充分的“时间”保障。对于阶梯式发展，在空间维度上还有一个与之相交的“质量”坐标，这也是不可或缺的。它显示出量变与质变，在时间坐标上形成一个一个的台阶或者阶梯。恰恰是这个“阶梯式发展论”，成为物质世界事物发展运动的基本坐标。

实践是阶梯式发展的本质属性

记者：实践是检验真理的唯一标准。任何理论都来源于实践，并且都要经过实践的检验。阶梯式发展论是否也是这样?

朱训：实践性是“阶梯式发展论”的显著特征。“阶梯式发展”理论源自矿产勘查的实践。地质工作者找到可供开采利用矿产的过程叫作“矿产勘查”。术语虽短，但过程很长。对这个长过程，中国的地质工作者目前一般将其划分为“预查→普查→详查→勘探”4个阶段。预查的目的在于为后一阶段的普查选择有利的工作地区；普查的目的在于发现有资源远景的可供详查工作的矿产地；详查的目的在于对普查提供的矿产地是否有勘探价值作出评价；勘探的目的在于探明详查提供的矿产地的资源数量、质量，是否具有开采的地质条件。通俗地说，预查、普查要回答“有没有”的问题，详查、勘探要回答“好不好”的问题。由此可见矿产勘查工作过程是一个呈台阶式的发展过程，而矿产勘查工作者对地下矿产情况的认识，也是随着矿产工作一个阶段一个阶段地深入，即一个台阶一个台阶地提高。此话这里说来简单，但每个阶段是有很大工作量的，是“码洋”“码”上去的。为了提高每个阶段的工作效率和“命中率”，地质工作者进行了大量的实践总结、理论探索。但由于这是探索地下的未知，失败是常有的事。对这一事物发展运动的实践总结，形成了“阶梯式发展”的理论。当然，这个发展过程并非一帆风顺。例如，经过一段时间工作之后，结论虽然“有”，但“不好”，造成工作到此阶段终结；结论亦可能是“有”但“情况复杂”，造成工作到此阶段“暂停”。江西德兴特大型斑岩铜矿就是这方面的典型案例。这个铜矿在20世纪50年代就发现了，但因为矿产中铜的品位低，只有49%，在当时技术经济条件下，被认为是“大呆矿”。到了70年代，随着科技的进步、探矿勘查工作经验的积累和选冶技术的提高，重新又“拾起来”进一步勘探，结果不仅证明了可以开发利用，而且进一步扩大了资源远景，使其一跃成为世界级的特大型铜矿。由此可见，达到开发利用这个“阶梯式发展”的阶段是齐全的，但阶段之间的“时间坐标”是漫长的。这一源自矿产勘查实践的“阶梯式发展”理论，在现实生活中、在诸多领域中处处可见，彰显了它的普遍性。“阶梯式发展”是能够指导人的实践的思想方法。毛泽东同志告诉我们：“人的正确思想，只能从社会实践中来，只能从社会的生产斗争、阶级斗争和科学实验这三项实践中来。”“感性认识的材料积累多了，就会产生一个飞跃，变成了理性认识，这就是思想。这是一个认识过程。这是整个认识过程的第一个阶段，即由客观物质到主观精神的阶段，由存在到思想的阶段。”他还说：“认识过程的第二个阶段，即由精神到物质的阶段，由思想到存在的阶段，这就是把第一个阶段得到的认识放到社会实践中去。”“人们的认识经过实践的考验，又会产生一个飞跃。”“一个正确的认识，往往需要经过由物质到精神，由精神到物质，即由实践到认识，由认识到实践这样多次的反复，才能够完成。”阶梯式发展理论经过由实践到认识，再由认识到实践的多次反复，充分显示了主观认识与客观实际的一致性，具有强大的生命力。总之，实践性是“阶梯式发展”的显著特征，也是“阶梯式发展”理论的逻辑起点，同时也是“阶梯式发展”固有的品格。“阶梯式发展”理论深深地植根于实践、服务于实践，并在实践中不断地丰富着理论的内涵。“阶梯式发展”理论是“发展”的理论，它在实践范畴的基础上丰富了“发展”的哲学，与“螺旋式上升”“波浪式前进”一道成为“发展”的“基本形式”。

阶梯式发展是中国改革发展的基本特征

记者：毛泽东同志在《改造我们的学习》一文中指出，我们必须把马克思列宁主义的理论和中国革命的实际运动结合起来，用马克思列宁主义之“矢”，去射中国革命之“的”。这种态度就是实事求是的态度。我们认为，今天的哲学与社会科学研究，就是要用马克思主义之“矢”，去射中国改革发展之“的”。您认为是这样吗？

朱训：是的。随着时代的发展，哲学与社会科学研究，就是要用马克思主义之“矢”，去射中国改革发展之“的”。我提出的“阶梯式发展论”，也是遵循这个方向。也正因此才发现了中国改革发展本身就是“阶梯式”的。中国40余年改革开放证明，阶梯式发展既是中国经济体制改革的重要特征，也是中国经济发展态势的基本特征。阶梯式发展是中国经济体制改革的重要特征。自1978年党的十一届三中全会以来，中国经济体制改革经历了几个时间跨度不等的大的阶段的“实践、认识、再实践、再认识”的过程，从一个台阶迈上又一个新的台阶。党的十一届三中全会到六中全会为经济体制改革第一阶段，从大一统“计划经济”转向“计划经济为主，市场调节为辅”的阶段。党作出改革开放的重大决策，让地方和企业经营在国家统一计划指导下，有更多的经营自主权。打开了计划经济体制的缺口，开始由“一大二公”向含有民营与个体多元所有制经济结构发展。十一届六中全会到十二届三中全会是第二个阶段。1984年10月党的十二届三中全会通过了《中共中央关于经济体制改革的决定》，提出“我国社会主义经济体制是在公有制基础上有计划的商品经济”的阶梯式发展论新概念。这是社会主义经济理论的重大突破。党的十二届三中全会到十三大是第三个阶段。1987年党的十三大提出“我国社会主义有计划的商品经济体制应该是计划与市场内在统一的体制”，“计划和市场都应该是覆盖全社会的”。党的十三大到十四届三中全会是第四个阶段。1993年十四届三中全会作出《中共中央关于建立社会主义市场经济体制若干问题的决定》，提出“使市场在国家宏观调控下对资源配置起基础性作用”。十四届三中全会到十六届三中全会是第五个阶段。2002年，党的十六大强调健全现代市场体系。2003年10月十六届三中全会通过《中共中央关于完善社会主义市场经济体制若干问题的决定》把市场经济体制的“建立”改变为“完善”。整个经济体制改革按照科学发展观的要求，在广度上和深度上同时向前推进。十六届三中全会之后的10年是经济体制改革的第六个阶段。党的十七大提出要继续坚持和完善公有制为主体、多种所有制经济共同发展的基本经济制度。十八届三中全会决定把经济体制改革作为全面深化改革的重点，“经济体制改革的核心问题是要处理好政府和市场的关系，使市场在资源配置中起决定性作用和更好发挥政府作用”，标志着中国经济体制改革开始向新的更高的台阶迈进。回顾自党的十一届三中全会到十八届三中全会的35年间，中国经济体制改革的发展历程，无论从对经济体制模式的选择上，对市场机制在经济体制中起什么作用的认识上，还是对非公有制经济在基本经济制度处于什么样的经过一个阶段一个阶段的实践、认识、再实践、再认识上，都是如同攀登阶梯似的一步一个台阶似的逐步向前推进与发展的。

阶梯式发展是中国经济发展态势的基本特征。1949年中华人民共和国成立，标志着我国的社会形态从半封建半殖民地社会迈上了新民主主义社会的台阶，中国人民的建设事业进入了一个新的发展时期。70年来历史清晰地表明在社会主义建设过渡阶段、全面开展社会主义建设阶段和社会主义建设改革开放阶段三个大的历史阶段进程中，中国经济建设正是通过13个以“五年计划”“五年规划”为标志的小阶段一个又一个台阶地向前推进，从而促成经济发展水平和整体经济实力登上三个大台阶。即：社会主义建设过渡阶段中国经济迈上第一个大台阶；全面开展社会主义建设阶段中国经济再上新台阶；社会主义建设改革开放阶段中国经济不断跃上新台阶。纵观70年来的中国经济建设，尽管在不同时期面临着不同的新情况和新任务，发展的过程和解决的矛盾也不尽相同，但无论哪个时期、哪个阶段，我国的社会主义经济建设都呈阶梯式向前发展。

阶梯式发展论助推领导科学发展

记者：领导者的责任和使命是领导人们改造世界，改造世界的前提是认识世界，把握事物发展的规律。当前领导科学研究方兴未艾，阶梯式发展论可以为新时代的领导干部领导力提升带来什么样的启示呢？

朱训：阶梯式发展有助于领导科学的丰富和领导力的提升。领导科学和领导力作为一门科学，其形成和发展本身就是阶梯式的。领导科学的任务之一，就是要告诉领导者们如何才能实现他所领导的事业的发展。阶梯式发展论可以为领导者提供有效的指导，可以告诉领导者如何实现所追求的发展目标。

阶梯式发展论告诉我们，发展不可能是一帆风顺的，发展是前进性和曲折性的统一。这就是说，任何工作不可能一蹴而就，要有两手准备，充分考虑到困难，从而克服困难，夺取胜利。

阶梯式发展论告诉我们，发展是一个过程。过程是要划分阶段的。阶段划分要考虑到阶段之间的联系和质的区别。阶段划分之后就要有长远目标，同时又要有近期安排。阶段划分之后，就要循序渐进、认真实践，还要勇于创新、善于总结。

体现领导力的标志有很多。其中主要的是认识规律的能力、统筹协调的能力、善于反思的能力，而阶梯式发展正好可以为各级领导干部提供这方面的指导。如领导干部如何正确认识我国社会主要矛盾的转化问题，如何正确认识新的历史特点的伟大斗争问题。这些都可以从阶梯式发展论中找到答案。

阶梯式发展不仅体现了质量互变规律，而且还体现了对立统一规律。列宁说："就本来的意义讲，辩证法是研究对象的本质自身中的矛盾。"也就是说，一切事物自身都存在着矛盾，是矛盾对立的统一。毛泽东解释这个"矛盾的普遍性"："其一是说，矛盾存在于一切事物的发展过程中；其二是说，每一事物的发展过程中存在着自始至终的矛盾运动。"他又说，"按照唯物辩证法的观点，自然界的变化，主要的是由于自然界内部矛盾的发展。社会的变化，主要的是由于社会内部矛盾的发展，即生产力和生产关系的矛盾，阶级之间的矛盾，新旧之间的矛盾，由于这些矛盾的发展，推动了社会的前进，推动了新旧社会的代谢"。唯物辩证法认为，外因是变化的条件，内因是变化的根据，外因通过内因而起作用。因此，事物发展的根本原因，不是在事物的外部，而是在事物的内部，在于事物内部的矛盾性。这也就明确地回答了阶梯式发展的“驱动力”。事物内部矛盾对立面的统一和斗争、矛盾的相互转化，主要矛盾方面的转化和更迭，促进了事物的发展运动和变化，是事物发展运动与变化的最根本的动力源。我们高度重视事物发展运动过程中外因的作用，这是事物发展不可缺少的条件。但不管外因如何，促使事物发展运动的根本动力仍是内因，是事物内部矛盾对立面的统一和斗争。这里，我们以矿业城市转型为例。矿业城市是因矿产开发而逐渐兴起的城市。城市兴起之初矿业产业是城市经济的主导产业甚至是“唯一产业”，但矿产资源是不可再生资源，随着矿产资源的开发、资源量的减少，资源走向枯竭，矿业衰败就是一个必然的趋势。为了避免“矿竭城衰”，非矿产业的兴起是历史的必然。在这些城市，矿业与非矿产业之间的“矛盾”、“斗争”与“发展”，一个台阶一个台阶地逐步由单一矿业经济城市——矿业主导型城市——综合经济型城市——生态文明型城市。这就充分表明“外因是变化的条件，内因是变化的根据，外因是通过内因而起作用的”。

矿业城市转型的案例给我们的启示是，作为一名领导干部，如果主政一方，在谋求地方经济发展时，要善于运用阶梯式发展论，找准城市发展的主要矛盾，因地制宜、因时而动，从而推动城市实现科学发展、高质量发展。

记者：谢谢您!阶梯式发展论的提出和进一步研究，集中体现了习近平同志在哲学社会科学工作座谈会上的讲话精神，同时也为领导科学发展研究和领导干部能力提升提供了许多有益的启示。您不仅是一位地质学家，还是一位科学家和哲学家。通过学习，我们认识到阶梯式发展论是涵盖自然科学和哲学社会科学的思维方法的创新，事物的发展既有“螺旋式”和“波浪式”，也有“阶梯式”。同时还认识到，阶梯式发展论有助于我们更好地理解“两个一百年”奋斗目标和中华民族伟大复兴的中国梦，更好地理解中华民族的三个“伟大飞跃”，更好地理解中国社会主要矛盾的转化，更好地理解许多具有新的历史特点的伟大斗争，从而更好地推进国家治理体系和治理能力现代化。

（责任编辑：李少军）

委员随感

入党前后的那些日子

——纪念中国共产党成立100周年

今年，2021年，是中国共产党成立一百周年。

今年，也是我加入中国共产党75周年。

入党前的日子是，沐浴抗日战争烽火，分享抗战胜利喜悦！

入党后的岁月是，投身三年解放战争，迎来新中国的诞生！

共产党来了！共产党真好！

我是江苏阜宁县人，1930年出生于江苏阜宁县五汛港（今滨海县五汛镇）。

我是幸运的。在我刚年满十岁的时候，共产党领导的新四军来到了我们的家乡。

那是1940年的事。

1940年秋，由陈毅、粟裕率领的渡（长）江北上的新四军和由黄克诚率领的八路军（后划归新四军序列）由北方南下在江苏盐城白驹镇胜利会师，从而开创了苏北盐城阜宁地区抗日民主根据地（简称盐阜地区）。

共产党新四军来到我们家乡后，很快把盘踞在盐阜地区的国民党顽固派的军队赶跑了，日本鬼子因怕挨打而整天龟缩在县城里不敢肆意出来扫荡，长年祸害老百姓的土匪武装也很快被肃清。

期间抗日民主政府还实行减租减息政策，大大减轻了贫下中农的负担！根据地人民都过上了路不拾遗、夜不闭户、安居乐业的幸福生活。

大家都以亲身的感受异口同声地发自内心的一句话："共产党真好！"

"共产党真好"这句发自根据地人民内心的话也深深地扎根于我的心中。

担任儿童团长，开启抗日活动

1941年，国民党反动派发动了震惊中外的皖南事变，根据党中央的指示重组了新四军，并由刘少奇同志任政治委员，陈毅同志为代军长。

重组后的新四军军部一度驻扎在我舅舅家的村子里（江苏阜宁亭子港村），当时我在那里读小学。

军部到了我们那里之后，民运部门迅速开展了群众工作发动群众，组织群众进行各种抗日救亡活动。

这时有一支名震中外被誉为中华民族小号手的新安旅行团来到了盐阜区，一部分团员来到了新四军军部所在地，当时我在那里上五年级，不知道怎的要我担任抗日儿童团团长。

当年我们儿童团主要有三项任务。

一是站岗放哨，查路条捉汉奸，

二是进行抗日救亡宣传活动，

三是组织团外儿童识字唱歌跳舞等。

抗日儿童团当时还有一个特别重要的任务，就是逢年过节代表村里人送一篮鸡蛋给新四军军部，以表示慰问。

就是这样作为一个抗日儿童团团长，开始参与抗日救亡活动。

有一天，我和两个小朋友在村口站岗放哨，看到有一位身着灰色军装的老者（后来我们才知道他是新四军政委刘少奇同志）从军部那边走过来。不一会，他来到我们面前说："小朋友，你们干什么啊？"这时我旁边一个小团员说："我们是儿童团，在站岗放哨。"少奇同志说："儿童团也能干大事！我身边另一个团员指着我对少奇同志说，他是我们的儿童团团长！"

于是，少奇同志笑呵呵地摸着我的头说："噢，你是猴子王！"

就是这样，在刘少奇同志所说"儿童团也能办大事"的鼓舞下，我这个猴子王和儿童团员们一道在1941–1942年这两年里遵循儿童团应尽的责任和任务从事着抗日活动。

考入盐阜联中，实现入党梦想

1942年秋，经我的哥哥，中共党员朱诚的指点与辅导，我考入了刘少奇同志倡导创办的盐阜区联立第一中学（简称盐阜联中）初中一年级学习，从此开始了接受系统的革命教育。

当年联中学习条件是相当艰苦，因为当时根据地实际上还处于半游击区的状态，日军、伪军、和国民党顽固派的军队不时地来骚扰，敌人来了就转移，敌人走了就上课，没有固定的校址，没有固定的教室。我就是在这样动荡不安的状态下学习了五年，1946年底完成了学业并于盐阜联中（当时已更名为建大附中）毕业。

在盐阜联中学习五年，特别是通过学习社会发展史使我了解到人类社会的发展终归要走进共产主义社会，这是不以人们意志转移的客观规律。

五年间，通过学习政治课，通过老师的教育，辅导员的辅导，使我进一步认识到中国共产党是为人民服务的，为劳苦大众打天下的，是为实现共产主义社会奋斗的。

由于理论学习和在根据地耳闻目睹的亲身感受，使我进一步深刻地认识到共产党好！从而下定决心要加入共产党，跟共产党走！

丁是我把我的认识向辅导员和班主任作了汇报，同时我也更加积极地参与各种社会活动，这时也引起班主任和辅导员对我的关注。

时间过得很快，转眼到了1945年，我初中毕业了。

盐阜联中为适应抗战胜利后建设新中国对人才的需要被改为苏北工业专科学校。我进入高中部化工科学习，勤工俭学半工半读，享受供给制待遇。

1945年春夏之交的一天的上午，班主任找我进行了一次正规的谈话，周石谷主任对我说："朱训，根据近三年对你的考察，你已符合中国共产党党员的条件，但是党章有了新的规定，不再发展少共党员（年满14周岁可以'入党'）"，待一年后你年满十六周岁时再吸收你加入我们的党。

在"苏北工专"学习期间我和化工科的同学都参加了校工厂制造肥皂的劳动。这时肥皂的牌子叫"工专肥皂"，不仅经过上百次试验，质量有了很大提高，达到通用的肥皂标准，而且生产规模进一步扩大，除供应盐阜地区军队外还可以提供根据地民众使用。

现在在淮安市苏皖边区政府纪念馆陈列室还陈列着一张“工专肥皂”的大幅照片，作为反映当年解放区生产的成果。

转眼到了1946年初，春节刚过，我和村里的小伙伴们正在村中广场进行文艺演出，记不清了当时是什么人用什么方式通知我，“你尽快到学校去！你被批准入党了！”我听到这个消息真是喜出望外，于是我把这个喜讯告诉了父母，很快收拾了简单的学习用品就步行120华里路来到了淮阴清江，找到了学校。这时苏北工专已划归华中建设大学管理并更名为华中建大附中。

辅导员武庆元同志告诉我，党组织已于1946年1月17日批准我加入中国共产党，入党介绍人为校教导主任李克同志（新中国成立后任国家外经贸部副部长）和他二人，并定于三月十号举行入党宣誓。

当时正处于蒋介石发动的全面内战一触即发的前夕，国民党的飞机不时地来骚扰，国民党的特务也猖獗活动，战争乌云笼罩着城市的上空，党还处于秘密状态，没有对外公开，我们就是在这种状态下秘密地进行了入党宣誓，实现了入党的梦想。

投身三年解放战争，迎来新中国的诞生

1946年夏，蒋介石发动的反人民内战全面爆发，并派出大批军队向苏北解放区进攻。

党中央为了保存革命有生力量，不计一城一地的得失，实行战略转移，主动放弃了一些城市，将新四军的主力转移北上山东东北，只留下少数部队在苏北敌后坚持。因此，一些重要城市很快被国民党军队占领，而苏北一些地区也因此处于半游击区状态。

鉴于当时的战争形势，华中建设大学党委决定将建大附中一分为二，一部分可以随新四军主力北上的师生与建大本部一起北上山东，另一部分适于留在苏北坚持敌后的师生以江重言校长和建大附中化工厂厂长徐以达老师为首留在苏北。

当时给留在苏北的师生有两项任务。

一是视战争形势许可学校复学复课，二是生产日用化工品供给坚持敌后的新四军使用。

为了适应后一个任务的需要，学校决定附中化工科的同学一起随徐以达老师负责保护化工厂的设备仪器并伺机生产。

就是这样，根据党组织的要求，我成为徐以达老师团队中的一员。不久，为了更好地适应军队对日用军需品的需求，徐以达老师负责的建大附中化工厂被划归新四军华中建设管理处领导，并更名为华中建设化工厂，从此我们正式成为新四军的一员。

1946年秋，蒋介石发动的反人民内战已全面爆发，在徐以达老师的带领下，我们一行七、八个人用一艘木帆船，将化工厂的主要设备仪器从淮阴经阜宁益林运到建湖县名为“符鹤桥”的地方，在一个废弃的地主庄园里将工厂安置了下来。

在这里我们待了一年，敌人来了我们就转移，敌人走了我们就生产，当时我们生产两种产品，一是供坚持在盐阜地区的新四军使用的牙粉（当时因国民党封锁解放区没有牙膏），二是军民两用的肥皂。肥皂的名字叫“大江肥皂”。

当时我们的经费非常困难，为了减轻一点困难，徐厂长决定办一个小商店，主要卖肥皂并卖一些油盐酱醋和少量纺织用品，以方便附近居民。商店定名为“大江商店”。

徐厂长要我当商店经理，另在本地请一位懂经营的人协助。

商店经营了近一年的时间，确实收到增收和便民的双重效果。

1947年夏，由于战争形势的变化，我们被迫将工厂转移到射阳县名为“汉鹿港”的地方以继续坚持生产。为了适应战争需要，我们又开始生产酒精。

1948年秋，由于我将侦察到的敌情及时报告给厂领导，使工厂人员设备及时转移避免了损失而荣获一等功。

在这里，我们一直坚持工作到淮阴解放。

1948年11月6日淮阴解放后，我们和工厂一起重返故地。我们的工厂一道被划归地方政府管理，并更名为淮阴光华化学厂。

1949年10月1日上午，我作为淮阴光华化学厂的中共工厂党支部副书记、代理书记和同志们正在为庆祝活动忙碌，工厂的广播喇叭突然传来了毛主席的洪亮声音——“中华人民共和国中央人民政府成立了！”顿时全厂一片沸腾，欢呼雀跃，齐声高呼新中国成立了！新中国万岁！中国共产党万岁！

浪淘沙·援外有感

白云脚下飞，
头顶蓝天。
银鹰载我驶向前，
跨越千山涉万水，
直奔北非。

红日东方起，
巨人屹立。
昔日洋人奴役我，
而今他国去外援，
换了人间。

1973年6月8日，我作为中国地质专家组技术负责人，受国家派遣第一次乘法航去援助阿尔及利亚，看到飞机外面的景色，下边是一片云海，头上是一片蓝天，心中生出无限的感慨。

七绝 · 怀旧

结交异邦十九春，
同窗共枕志同行。
神州大地共探宝，
广澜天地炼红心。

写于1973年

七绝 · 贺新

结交异邦六十春，
风雨同舟志同行。
遍踏神州共探宝，
儿孙满堂享天伦。

为爱妻惠宇八十寿辰书
1995年1月6日

七绝·北戴河写景

狂风怒吼树折腰，
暴雨席卷秦皇岛。
渤海水面腾巨浪，
波涛击岸天地摇。

1996年8月24日，于北戴河

七绝·华夏风光

神州北国冰雪封，
八闽大地春意浓。
花会三度群芳艳，
两岸手足促一统。

2001年1月8日，参加福建漳州海峡两岸花卉博览会，离京时大雪纷飞而福建春意盎然有感。

五绝·神州奇景

太阳高空照，
雪花满天飘。
大地披银装，
宇宙真奇妙。

2001年2月3日，写于昌平静之湖

五绝·百万庄夜景

明月天空照，
树影地面摇。
寒星闪烁烁，
深巷静悄悄。

2001年12月31日，于百万庄院中散步有感

七绝·温泉映红日

日出东方一片红，
彩霞倒映瑶池中。
热泉腾雾胜仙境，
休闲游人乐无穷。

2002年1月21日，于广东金山温泉

五绝·阳江胜景

蓝天连碧海，
银浪伴金滩。
大地无限美，
河山满园春。

2002年1月22日，于广东阳江金海滩

五绝·云冈雨中游随感

夏日云冈游，
风神伴我吼。
漫天倾缸雨，
遍地可行舟。

2002年7月30日，赴山西考察途经云冈适遇台风“风神”过境

七绝·西蜀游

壬午八月刚立秋，
四八协友西蜀游。
神鹰载团抵天府，
下榻蓉城馆金牛。

2002年8月12日—25日，政协机关老干部休假赴四川考察

五绝·大理胜景

苍山耸入云，
洱海静如镜。
碧湖映三塔，
古城满街人。

2007年10月23日，游云南大理，风和日丽，晴空万里。

五绝·母校校庆

发源延河旁，
成长在太行。
辉煌京都城，
桃李报春忙。

2002年11月1日，参加中国人民大学校庆65周年有感

访俄札记

一、重访列宁格勒

曾称列宁格勒，
今名圣彼德堡。
风云几度变幻，
乡土风情仍保。

2004年5月20日，率中国留苏同学会代表团到圣彼得堡看望中国留学生

二、四水游

莫斯科河游船，
涅瓦河畔漫步。
静静顿河浸足，
伏尔加河洗手。

2004年5月，访俄有感

三、回访母校有感

诺城相遇54年，
车站迎生第一面。
同窗三载心相印，
学成归国结良缘。

2004年5月24日

七绝·乡村晨景

潺潺溪水流村旁，
缕缕青烟绕山梁。
鸡鸣犬吠报晓早，
群峰耸立披绿装。

2005年5月1日，于十三陵国土部培训中心

游北戴河有感

“麦沙”长驱北上，
沿海八省遭殃。
遍地狂风怒吼，
满天暴雨倾缸。
海面巨浪翻滚，
闪电雷鸣交加。
三代沙滩戏耍，
尽享天伦之乐。

2005年8月8日，于北戴河

五绝 · 北戴河海景

高空悬红日，
海面闪金光。
渔船漂水面，
岸边击银花。

2008年9月4日，于北戴河清晨海边观景有感

五绝 · 海口行

一

左边是大海，
右方为柳树。
漫步金沙滩，
侧耳听涛声。

二

二月海口行，
久阴天转晴。
驱车滨河路，
入住新国宾。

2010年2月24日，于海南海口西海岸沙滩漫步

浪淘沙·七一抒怀

——纪念中国共产党成立90周年

中华五千年，
炎黄家园。
几度灿烂辉煌史，
间伴苦难血和泪，
沧桑尽历。

一九二一年，
红日升起。
神州大地卷风雷，
荡涤污泥和浊水，
巨人屹立。

于2011年9月1日建党九十周年

图书在版编目（CIP）数据

吹向大地的清风 / 朱训著. -- 北京 : 中国文史出版社, 2021.1

ISBN 978-7-5205-2766-8

Ⅰ. ①吹… Ⅱ. ①朱… Ⅲ. ①政协委员—生平事迹—中国 Ⅳ. ①K820.7

中国版本图书馆CIP数据核字(2020)第250566号

责任编辑：卜伟欣

出版发行：**中国文史出版社**
社　　址：北京市海淀区西八里庄路69号院　　邮编：100142
电　　话：010—81136606　81136602　81136603（发行部）
传　　真：010—81136655
印　　装：廊坊市海涛印刷有限公司
经　　销：全国新华书店
开　　本：16开
印　　张：13.5
字　　数：213千
版　　次：2022年5月北京第1版
印　　次：2022年5月第1次印刷
定　　价：56.00元